KLARTEXT

Bildnachweis:
Adobe Stock: © traverlview: 118, © Yeti Studio: 33, © Zerophoto: 77; IMAGO IMAGES: BRIGANI-ART: 85, Cinema Publishers Collection: 87, 90, Eastnews: 38, 43 l., Entertainment Pictures: 93, Eventpress: 100, Everett Collection: 81, Imagebroker: 67, Media Punch: 59, Photoshot: 6, 47, The Photo Access: 99, Werek: 45, ZUMA/Keystone: 72, ZUMA Press: 43 o., 103, ZUMA Wire: 4/5, 19, 43 u., 97; Picture Alliance: AP: 36, AP/Nancy Waye: 61, AP/Joe Schaber: 75, Avalon/Retna/M. Putland: 48, 55, Capital Pictures/GP/MPI: 25, dpa/PA: 57, dpa/Jarmo Hietarana: 82, dpa/United Pictures: 106, empics/PA: 71, empics/RCA Records: 29, empics/Yui Mole: 95, Everett Collection/CSU/Archives: 35, Geisler-Fotopress/Rudi Keuntje: 79, HP/Keystone Archives: 41, Minden Pictures/Chíen Lee: 107, REUTERS/Charles Platiau: 42, REUTERS/DYLAN MARTINEST: 23, Horst Schunk: 50, ZUMA Press.com/Douglas Kent Hall: 14. Alle anderen Bilder stammen vom Autor.

Bibliografische Information der Deutschen Nationalbibliothek
Die Deutsche Nationalbibliothek verzeichnet diese Publikation in der Deutschen Nationalbibliografie; detaillierte bibliografische Daten sind im Internet über portal.dnb.de abrufbar.

Impressum
1. Auflage November 2021
Layout und Satz: Bettina Steinacker, Essen
Umschlaggestaltung: Guido Klütsch, Köln
Umschlagabbildungen: Adobe Stock: © Artem (Blitz), © Michael715 (Schuh), koya979 (Ufo), Imago Images/Photoshot (Bowie auf der Bühne), picture alliance/Photoshot/ © Artem (Blitz), © Gavin Evans (Portrait), picture alliance/imageBROKER (Schiff)
Autorenfoto Umschlagklappe: Katrin Riedl
Druck und Bindung: Linsen Druckcenter GmbH, Siemensstraße 12–14, 47533 Kleve

ISBN 978-3-8375-2409-3

KLARTEXT

Jakob Funke Medien Beteiligungs GmbH & Co. KG
Jakob-Funke-Platz 1, 45127 Essen
info.klartext@funkemedien.de
www.klartext-verlag.de

Frank Thiessies

David Bowie

Populäre Irrtümer
und andere Wahrheiten

Inhalt

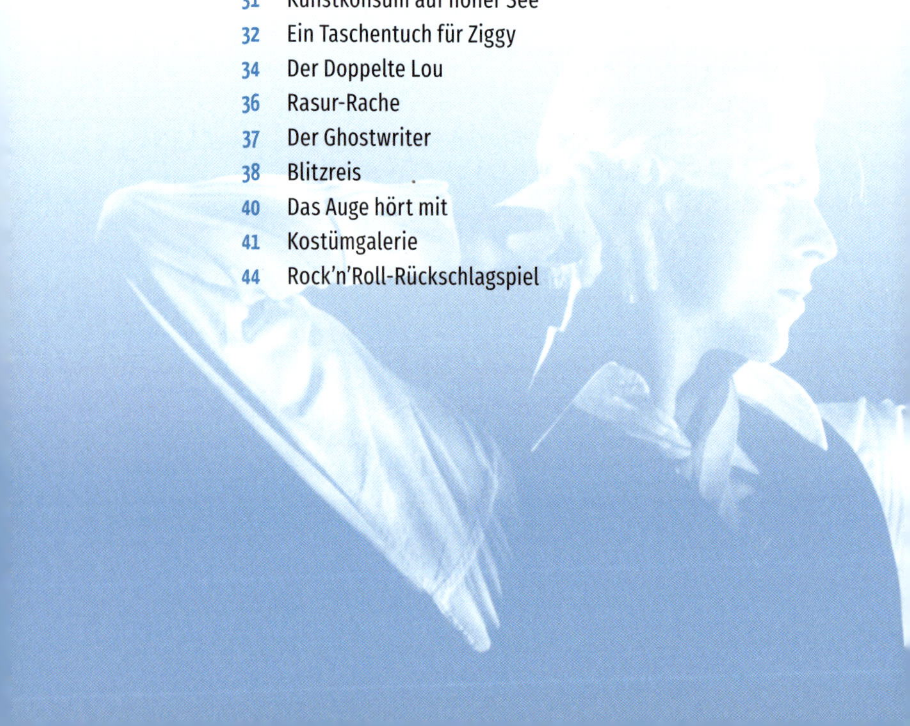

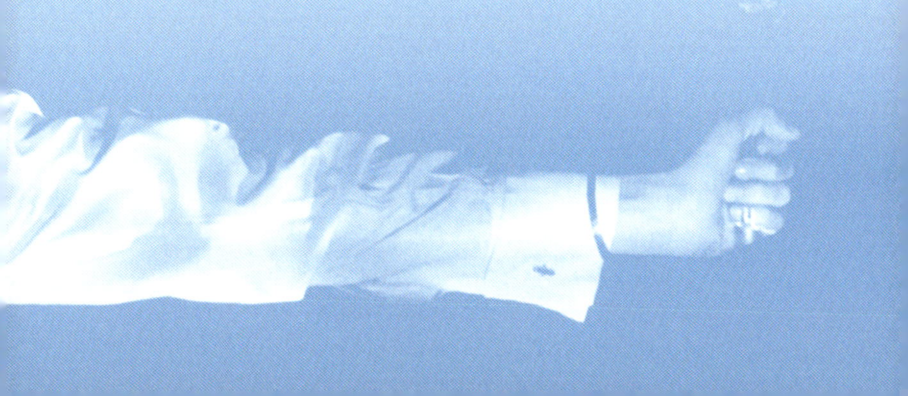

Zum Geleit

Wie so oft, wenn die Diskografie eines bereits lange aktiven Künstlers Spätgeborenen erschlagend umfangreich erscheint, war es auch für mich zunächst eine Kompilation, die als perfekte Einstiegsdroge in das bunte Bowie-Universum dienen sollte: „Changesbowie“, 1990 veröffentlicht, wurde auf Kassette damals zum Soundtrack eines ewigen Interrail-Sommers. Dabei empfand ich die musikalische Bandbreite, die Bowie darauf offerierte und die einem Various-Artists-Sampler quasi in Nichts nachstand, schon unglaublich faszinierend. Es sollte nicht lange dauern, bis im Zuge einer sich stetig entwickelnden Classic-Rock-Liebe im Allgemeinen sowie einer Glam-Rock-Begeisterung im Speziellen „The Rise And Fall Of Ziggy Stardust And The Spiders From Mars“ in seiner gesamten pompösen Pracht genauer entdeckt werden wollte. Seitdem blieb Bowie, parallel zum wachsenden Popkulturinteresse, ein nicht mehr wegzudenkender musikalischer Begleiter. Dass der Sänger gern als „Pop-Chamäleon“ oder „Picasso des Pop“ bezeichnet wurde, ist dabei eigentlich nur die halbe Miete. Was Bowies Genie für mich ausmachte (und weiterhin ausmacht), war nicht allein seiner zuweilen visionären Natur oder seiner Fähigkeit geschuldet, stets kontemporärer als andere alte Recken zu sein. Bowies großes Verdienst – und das hat auch diese ausführliche Auseinandersetzung mit seinem Leben und Werk noch einmal nachhaltig gezeigt – ist, dass er musikalisch wie textlich einfach eine unglaublich hohe Zahl exzellenter, cleverer und zeitloser Songs und Alben geschaffen hat – in welchem jeweiligen stilistischen Gewand auch immer. Dass er dazu eine wahrhaft schillernde, komplexe und facettenreiche Persönlichkeit war, macht seine Geschichte umso spannender.

Womit wir wieder beim Ausgangspunkt wären. Vorhang auf für die Oscar-reife Musikervorstellung eines gewissen David Robert Jones in der Paraderolle seines Lebens: David Bowie!

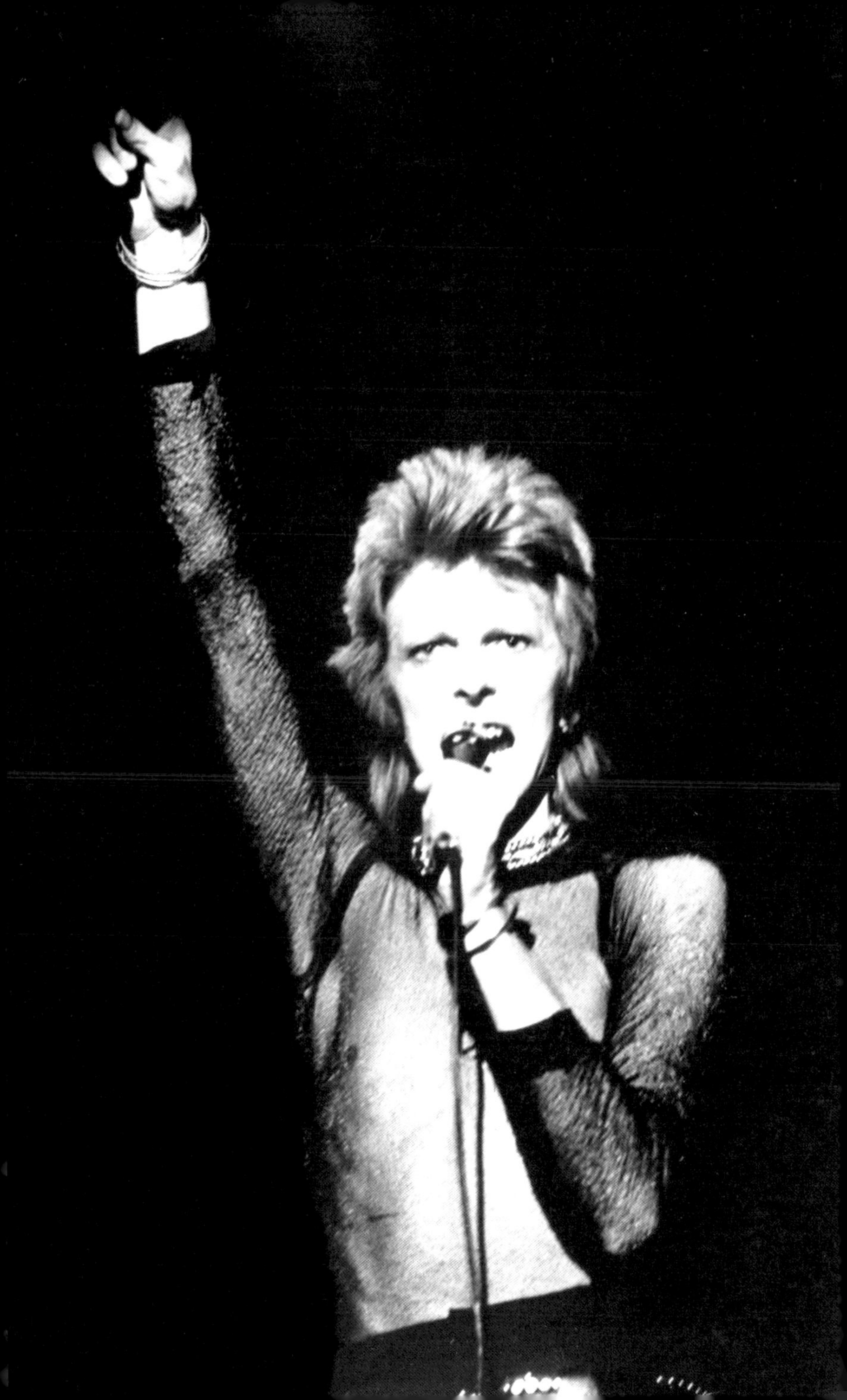

Das Ensemble

Selbst ein Talent wie David Bowie hat es nicht allein an die Spitze geschafft. Sowohl im Studio als auch auf der Bühne hatte Bowie verlässliche Helfer. Eine Auswahl seiner (zuweilen wiederkehrenden) musikalischen Partner.

Der Star
David Bowie: (Gesang, Gitarre, Keyboards, Saxophon, Mundharmonika)
Geboren am 8. Januar 1947 in London, England. Gestorben am 10. Januar 2016 in New York, USA.

Die Co-Stars
Tony Visconti: (Produzent, Bass)
Geboren am 24. April 1944 in Brooklyn, New York, USA. Begleitete Bowie 1969–1970, 1974–1980, 2002–2016.

Ken Scott: (Tontechniker, Produzent)
Geboren am 20. April 1947 in London, England. Begleitete Bowie 1969–1973.

Mick Ronson: (Gitarre, Piano, Cello, Violine)
Geboren am 26. Mai 1946 in Kingston upon Hull, England. Gestorben am 29. April 1993 in London, England.
Begleitete Bowies von 1970–1973 als Teil der Spiders-From-Mars-Band, 1993.

Trevor Bolder: (Bass)
Geboren am 9. Juni 1950 in Kingston upon Hull, England.
Gestorben am 21. Mai 2013 in Cottingham, England.
Begleitete Bowie 1971–1973 als Teil der Spiders-From-Mars-Band.

Mick „Woody" Woodmansey: (Schlagzeug)
Geboren am 4. Februar 1950 in Driffield, England.
Begleitete Bowie 1970–1973 als Teil der Spiders-From-Mars-Band.

Mike Garson: (Keyboards)
Geboren am 29. Juli 1945 in New York City, New York, USA.
Begleitete Bowie 1972–1975, 1993–2009.

Earl Slick: (Gitarre)
Geboren am 1. Oktober 1952 in Brooklyn, New York, USA.
Begleitete Bowie 1974–1976, 1983, 2002–2004, 2013.

Carlos Alomar: (Gitarre, Gesang)
Geboren am 7. Mai 1951 in Ponce, Puerto Rico.
Begleitete Bowie 1974–1980, 1984–1987, 1995, 2002–2003.

Dennis Davis: (Schlagzeug)
Geboren am 28. August 1949 in New York City, New York, USA. Gestorben am 06. April 2016 in New York, USA.
Begleitete Bowie 1975–1980.

Brian Eno: (Keyboards, Gesang, Gitarre, Strategie-Karten)
Geboren am 15. Mai 1948 in Melton, Suffolk, England.
Begleitete Bowie 1977–1979, 1994–1996.

Reeves Gabrels: (Gitarre, Gesang)
Geboren am 4. Juni 1956 in Staten Island, New York, USA.
Begleitete Bowie 1987–1999.

Gail Ann Dorsey: (Bass, Gesang, Gitarre, Klarinette)
Geboren am 20. November 1962 in Philadelphia, Pennsylvania, USA.
Begleitete Bowie 1995–2016.

Zahlen & Fakten

25 Studioalben hat David Bowie im Laufe seiner Karriere veröffentlicht (klammert man Soundtrack-Arbeiten wie „The Buddha Of Suburbia" aus). Darunter befanden sich **11 UK-Top-1-Alben** und lediglich ein **US-Top-1-Album**. Das meistverkaufte Album in Bowies Diskografie war mit weltweit über 10 Millionen verkaufter Einheiten „Let's Dance".

135.000.000 Britische Pfund war der für die „Sunday Times Rich List" geschätzte Vermögenstand Bowies im Jahre 2015.

128 Singles (jene vor der Namensänderung und posthume inkludiert) hat David Bowie veröffentlicht. Darunter befanden sich **5 UK-Top-1-Hits.** In den USA brachten es lediglich „Fame" und „Let's Dance" bis an die Spitze der Single-Charts.

74.480 (offiziell gezählte) Zuschauer besuchten am 26. November 1983 auf Bowies „Serious Moonlight"-Tour das Western-Springs-Stadion zu Auckland. Diese stolze neuseeländische Nummer brachte es sogar zu einem Eintrag im „Guinness Buch der Weltrekorde" als weltweit größte Menschenansammlung im Verhältnis zur Einwohnerzahl des Landes.

51 Musikvideoclips im klassischen Sinne, also im Kurzformat mit bis zu 10 Minuten Spielzeit, hat Bowie zu seinen Songs gedreht. Das Gros davon realisierte er mit Regisseur David Mallet, gefolgt von Clips, die Julian Temple und Mick Rock inszenierten.

140.000.000 Tonträger hat David Bowie zu Lebzeiten 1967 verkauft.

10 Bands sind es an der Zahl, in denen Bowie gespielt hat. Von den ersten professionellen Anfängen mit The Konrads über die Spiders-From-Mars-Vorgängerkonstellation Hype und Tin Machine bis hin zu der einmaligen Angelegenheit namens Tao Jones Index reicht die Liste. Letzteres war der Name, unter dem Bowie und seine Tour-Band zu „Earthling"-Zeiten eine Handvoll von Drum'n'Bass- und Dance-Remix-Sets aufführten.

86 Millionen US-Dollar spielte Bowies 1987er „Glass Spiders"-Tour ein (was nach heutigem (inflationsbereinigten) Stand über 200 Millionen US-Dollar entspricht).

49 Preise und Auszeichnungen im Musik- sowie Film- und TV-Segment konnte Bowie in seiner Karriere einheimsen. Darüber hinaus brachte er es auf insgesamt 113 Nominierungen.

2.822 Prozent lautete die Steigerungsrate, um die die Zahl der internationalen Musik-Streams von Bowie-Material auf Spotify sich erhöhte, nachdem dessen Tod offiziell bekannt geworden war.

AHA!

Vorbilder

Wie viele der in den 1940ern geborenen späteren Musiker gehörte auch David Bowie jener Generation an, die vom Rock'n'Roll-Boom der Mittfünfziger unmittelbar und nachhaltig geprägt wurden. Bowies Inspirationsquellen gestalten sich jedoch schnell multidimensionaler – und beschränken sich nie allein auf die Musik.

Bereits recht früh entwickelte der junge David eine Faszination für den damals neuen Typus des Teenagerhelden, verkörpert durch James Dean. Die ersten musikalischen Idole ließen nicht lange auf sich warten. Das Mitbringsel der Little-Richard-Single „Tutti Frutti" (im Oktober 1955 veröffentlicht) darf für Bowie als Initialzündung angesehen werden. „Ich hatte noch nie etwas gehört, was dem auch nur entfernt nahekam", erinnerte sich Bowie später, „es erfüllte den Raum mit Energie und Farbe und unerhörtem Trotz. Ich hatte Gott gehört." Mit der Elvis-Presley-Single „Hound Dog", die im Sommer 1956 Furore machte, entwickelte sich Bowie schnell zum Rock'n'Roll-Polytheisten. Ein prägender Einfluss war auch sein Halbbruder Terry Burns. Zehn Jahre älter, brachte Terry ihn zum einen mit den Beat-Poeten Jack Kerouac, William S. Burroughs und Allen Ginsberg und deren freigeistigen Vorstellungen in Berührung. Zum anderen brachte Terry Bowie den Jazz von John Coltrane, Miles Davis oder den coolen Baritonsaxophonisten Gerald Joseph „Gerry" Mulligan näher, der Bowies Wunsch, das Saxophonspiel zu erlernen, wohl mitbeflügelt hatte. Mit den 1960er Jahren kamen neue musikalische Impulse und Einflüsse ins Spiel: The Beatles (insbesondere John Lennon), The Velvet Underground sowie die Pink Floyd der Syd-Barrett-Ära. Genauso entwickelte Bowie ein ausgemachtes Faible für den britischen Tausendsassa Anthony Newley, der sich als Sänger, Songschreiber und Schauspieler betätigte und unter anderem als Co-Texter des James-Bond-Songs „Goldfinger" oder des Scores der 1971er Verfilmung „Willy Wonka & The Chocolate Factory“ (dt: „Charlie und die Schokoladenfabrik“) mitverantwortlich zeichnete. Bald darauf standen Édith Piaf, Chansons von Jacques Brel, das Liedgut von Bertolt Brecht und Kurt Weill oder die Musik des Barock- und Art-Pop-Künstlers Scott Walker auf Bowies stilübergreifendem Speiseplan. Letztendlich kann die Popwelt nur froh darüber sein, dass Bowie, der im Alter von 20 Jahren tatsächlich ernsthaft darüber nachgedacht hatte, ein Leben als buddhistischer Mönch zu führen, diesen Entschluss zugunsten seiner Rückkehr zur Musik wieder aufgegeben hatte. Denn es war nicht nur das breitgefächerte Interesse an sämtlichen Spielarten von Kunst und Kultur im Allgemeinen, das Bowies musikalische DNA bestimmte und besonders machte: Bowies Besonderheit lag auch darin, dass er mit seinem kulturellen Wissensdurst nicht etwa in seiner Jugend abgeschlossen hatte, sondern bis zuletzt (das Abschiedsalbum „Blackstar“ war genauso von Bowies jugendlicher Jazz-Leidenschaft wie von aktuellen Hip-Hop-Künstlern wie Kendrick Lamar inspiriert) offen und interessiert an allen möglichen Ausdrucksformen und Stilen war. Was wohl auch der Grund dafür ist, dass seine Musik nie drohte, allzu lange in einer nostalgischen Starre zu verharren.

Die Initialzündung: Little Richard

AHA!

Beginn im Brotkorb

Vor seiner Karriere als Solokünstler versuchte sich David Bowie, damals noch unter seinem bürgerlichen Namen David Jones, auch in der einen oder anderen Jugendband. Die erste offizielle Demoaufnahme aus dem Jahre 1963, auf der er als Saxophonist und Sänger mit der Gruppe The Konrads (alternative Schreibweise: The Kon-rads) zu hören ist, schlummerte zunächst ewig in der Garage von Konrads-Schlagzeuger David Hadfield – in einem Brotkorb. Bis sie schließlich 2018 für den stolzen Preis von knapp 40.000 Britischer Pfund versteigert wurden.

Dass Bowie auf dem von ihm mitkomponierten Song „I Never Dreamed" als Sänger zu hören war, war damals sogar ungewöhnlich. Denn eigentlich wollte der junge David Jones, der unter anderem Jazz-Ikone John Coltrane verehrte, ja Saxophonist werden. Dafür hatte ihm sein Vater zum Weihnachtsfest 1961 eigens ein weißes Grafton-Acrylic-Altsaxophon geschenkt. Doch für besagte, in einem kleinen Studio in London mitgeschnittene Nummer empfahl sich eben auch Davids Gesang als passend. Die für einen potentiellen Plattenvertrag bei Decca intendierte Session stieß bei dem Label allerdings nicht auf offene Ohren, sondern auf Ablehnung. Was Mr. Jones bekanntlich weder dem Gesang noch dem Saxophon abschwören ließ. Erwähntes Kunststoff-Saxophon war übrigens das einzige von den Organisatoren der ab 2013 international erfolgreichen „David Bowie Is"-Wanderausstellung angefragte und verfügbare Bowie-Besitztum, welches der Künstler aus Sorge um dessen Wohlerhalt nicht als Exponat zur Verfügung gestellt hatte.

Optische Täuschung

Ein beim Anblick von Bowies Antlitz unmittelbar herausstechendes Merkmal war, dass er zwei unterschiedlich gefärbte Augen besaß: das linke dunkelbraun, das rechte strahlend blaugrün. Keineswegs ein angeborener Pigmentstörungsdefekt (medizinischer Fachbegriff: Iris-Heterochromie) und gewiss auch kein Beweis für Bowies außerirdische Abstammung, hat jene Zweifarbigkeit doch einen ganz profanen Grund.

Ein Mädchen und pubertäre Handgreiflichkeiten nämlich: Carol Goldsmith hieß die sowohl von Bowie als auch von seinem Schulfreund George Underwood Angebetete. Teilten sich die beiden ansonsten eine große Leidenschaft für Rock'n'Roll, war Fräulein Goldsmith für die beiden knapp 15-Jährigen zum Zankapfel geworden. Nachdem Bowie seinen Kumpel George listig ausgebootet hatte, sah jener rot – und Bowie infolge des krankenhausreifen Faustschlages fortan anders (aus) als zuvor: Die linke Pupille blieb erweitert und erstarrt, was schließlich in einer dunkel anmutenden Augenfarbe resultierte. Dessen ungeachtet spielten die beiden in Folge gemeinsam bei den Konrads oder in der kurzlebigen Band Davie Jones & The King Bees, bevor Underwood eine Karriere als Grafikdesigner einschlug. Dessen Studio Main Artery und Partner Terry Pastor waren schließlich noch bei der Bearbeitung Bowies früher Albumcover wie „Hunky Dory" oder „The Rise And Fall Of Ziggy Stardust And The Spiders From Mars" involviert. Bis zu Bowies Tod blieben der Sänger und Underwood beste Freunde.

Nomen est omen

Für einen Künstler wie David Bowie, der in seiner Karriere eine Vielzahl musikalischer Charaktere verkörpert hat, gestaltete sich ausgerechnet die entscheidende Künstlernamenswahl als gar nicht so einfach. So bedurfte es einiger Umwege, bis aus David Robert Jones schließlich David Bowie wurde.

Erste zaghafte Schritte in Richtung einer alternativen Bühnenidentität unternahm der junge Herr Jones, als er damit begann, sich zunächst Davie und dann Davy Jones zu nennen. Jedoch war der Umstand, dass ein anderer aufstrebender britischer Musiker bereits auf diesen Namen hörte und ab 1966 als Star der TV-Serie „The Monkees" weltweite Popularität erlangte, Grund genug, davon wieder Abstand zu nehmen. Die andere Alter-Ego-Wahl, seine(n) Vornamen in Tom umzutaufen, fiel indes nicht viel glücklicher aus: Als im Januar 1965 mit „It's Not Unusual" ein gewisser walisischer Sänger namens Tom Jones mit seinem ersten Welthit reüssierte, war auch diese Idee schnell wieder vom Tisch. Im September entschied sich der damals 18-jährige David Jones schließlich dafür, fortan als David Bowie die Bühne zu betreten. Dabei ließ sich der ewige Bewunderer amerikanischer Kultur von James Bowie, seines Zeichens US-Pionier und -Soldat sowie Namensgeber des berühmten Bowiemessers inspirieren. Inwieweit auch der John-Wayne-Western „The Alamo" (1960), in dem Richard Widmark jene historische Figur verkörpert, ausschlaggebend war, bleibt ungewiss. Fest steht, dass das neue Pseudonym nie eine rechtskräftige Namensänderung darstellte. Offiziell blieb er David Jones.

Der Spätzünder

David Bowies Erfolg kam keineswegs über Nacht. Verglichen mit solch prominenten Rockstar-Kollegen wie Elvis Presley, den Beatles oder den Rolling Stones war es für Bowie bis zum ersten bedeutenden Singleerfolg mit „Space Oddity" ein ungewöhnlich langer sowie künstlerisch kurvenreicher Weg.

Stilistisch versuchte sich Bowie Mitte der 1960er Jahre zunächst mit Gruppen wie den King Bees, The Manish Boys oder The Lower Third am Rhythm & Blues, manchmal kombiniert mit einem Spritzer Soul. 1967 machte er sich im Verbund mit der Band The Riot Squad an Velvet-Underground-Material – oder eben an von besagten New Yorker Avantgarde-Rockern ungeniert Inspiriertes („Little Toy Soldier"). Sowohl die skurrile Solo-Single „The Laughing Gnome" als auch das kurz darauf im Juni 1967 veröffentlichte, stark am Stil des britischen Sängers Anthony Newley geschulte Barock-Pop-Debütalbum „David Bowie" waren musikalisch und im Hinblick auf Charterfolg Lichtjahre von dem Material entfernt, das Bowie später berühmt machen würde. Frustriert flüchtete sich der Sänger unter Anleitung und Ägide des Tänzers Lindsay Kemp in die Welt der Pantomime. Der anschließende musikalische Exkurs in Sachen Schneidersitz-Folk, den Bowie mit dem Trio Feathers unternahm, blieb eine weitere musikalische Randnotiz. Letzten Endes lagen zwischen Bowies allererster Singleveröffentlichung „Liza Jane" (noch unter dem Namen Davie Jones And The King Bees) und seinem ersten, im Juli 1969 veröffentlichtem Hit „Space Oddity" ganze fünf Jahre. Die komplette kommerzielle Kehrtwende war „Space Oddity" (den)noch nicht. Das dazugehörige Album sowie die beiden Folgeplatten „The Man Who Sold The World" und „Hunky Dory" fanden abermals keinen großen Anklang beim plattenkaufenden Publikum. Dies sollte sich erst 1972 mit „The Rise And Fall Of Ziggy Stardust And The Spiders From Mars" grundlegend ändern.

AHA!

Start in die Charts

Die Single „Space Oddity" sollte nach etlichen Irrungen und Wirrungen Bowies Karriere-Sprungbrett werden. Die Geschichte um den wortwörtlich als „Weltraum-Seltsamkeit" übersetzbaren Song ist dabei tatsächlich an kosmischen Bezugspunkten sowie Kuriositäten nicht arm.

Ursprünglich hatte Bowie den Song als zweistimmiges Stück für sich und seinen damaligen musikalischen Partner John „Hutch" Hutchinson geschrieben, wie eine frühe Demoaufnahme von 1969 belegt. Jenes Demo und ein paar weitere Stücke hatten den zu diesem Zeitpunkt schon wieder als Solokünstler agierenden Bowie einen Singlevertrag mit (bei entsprechendem Erfolg) nachfolgender Albumoption bei der Plattenfirma Mercury eingebracht. Als Produzent des Albums war Bowies zukünftiger Langzeit-Kollaborateur, Tony Visconti, auserkoren. Der allerdings mochte „Space Oddity" im Gegensatz zum Rest des Materials nicht besonders. So kam es, dass die Singleproduktion in die Hände von Musikproduzent Gus Dudgeon geriet. Dieser inszenierte die Weltraumreise des Protagonisten Major Tom zukunftsorientiert mit Bowies Stylophone (ein 1967 erfundenes Miniatur-Keyboard) und Rick Wakemans Streichersounds aus dem Mellotron (elektronisches Tasteninstrument und Vorläufer des Samplers) als groß angelegtes kosmisches Drama. Bereits im Namen von Stanley Kubricks 1968er Film „2001: A Space Odyssey" (dt: „2001: Odyssee im Weltraum") inspiriert und strategisch clever am 11. Juli 1969 fünf Tage vor dem Start der Apollo-11-Mondmission veröffentlicht, sicherte der Song Bowie, wenngleich auch erst etliche Wochen später, seine erste UK-Top-5-Single. Bis zur sicheren Rückkehr der Apollo-Teilnehmer hatte sich die BBC geweigert, das Lied im Radio zu spielen – obschon die Fernsehkollegen derselben Sendeanstalt „Space Oddity" zur Untermalung der Mondlandungsbilder genutzt hatten. Das begleitende, bizarrerweise wie das Debüt erneut „David Bowie" betitelte Album zog nicht mit und blieb zunächst ein Ladenhüter. Erst im Siegeszug von „Ziggy Stardust" konnte das 1972 mit neuem Cover-Artwork ausgestattete und schließlich in „Space Oddity" umbenannte wiederveröffentlichte Album auch Charterfolge genießen. Und die Maxi-Wiederveröffentlichung des Songs „Space Oddity" bescherte Bowie 1975 in seinem britischen Heimatland schließlich seinen ersten Nummer-Eins-Hit. Seinen von allen (irdisch) möglichen höchsten Aufstieg würde der Song indes im Jahre 2013 erfahren: An Bord der ISS (International Space Station) hatte der kanadische Kommandant Chris Hadfield Bowies Lied mit der Akustikgitarre gecovert und dieses per Video aufgezeichnet. Der Tribut-Clip erschien am 12.05.2013 im Internet und rührte selbst Bowie, der Hadfields Fassung als die wohlmöglich ergreifendste Version des Songs lobte, die jemals erschaffen wurde.

Chris Hadfield schrammelt im Weltraum

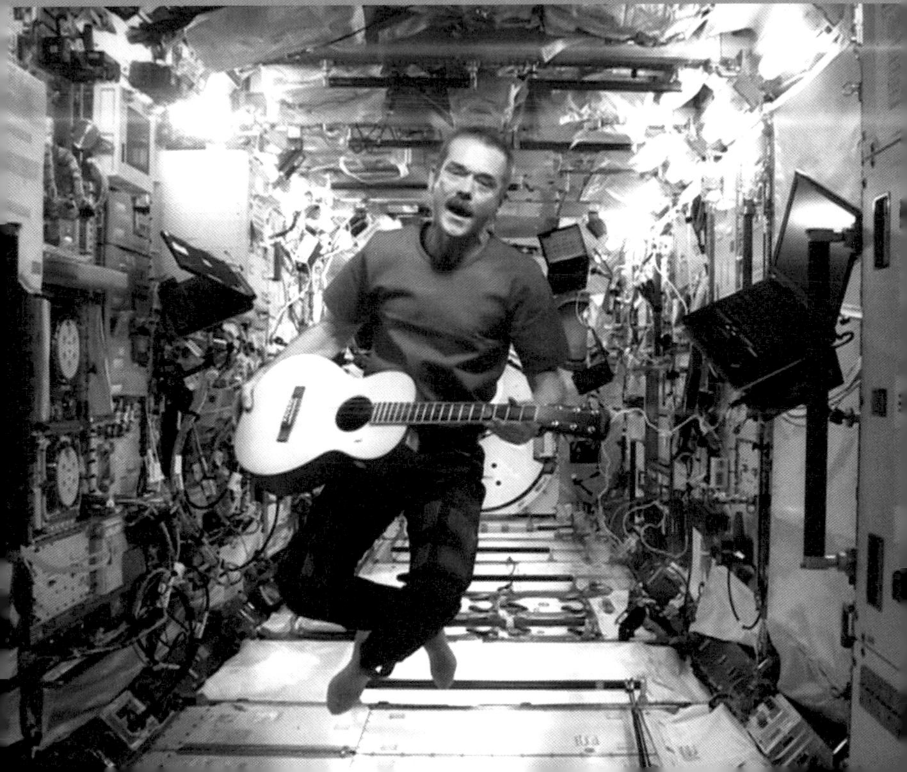

Die schizophrene Scheibe

Das dritte Album in Bowies Diskografie definierte ihn stärker als die beiden bisherigen. Dennoch fielen Musik und Klang von „The Man Who Sold The World“ (1970) stilistisch aus dem Rahmen.

Hatte das vorangegangene Trägeralbum des Hits „Space Oddity“ schon nicht an dessen Singleerfolg anknüpfen können, war „The Man Who Sold The World“ a priori nicht intendiert, einen auskoppelbaren Hitkandidaten hervorzubringen. Vielmehr folgten Bowie und Produzent Tony Visconti der Vision, ein in sich geschlossenes Gesamtkunstwerk in LP-Form aufzunehmen. Erstmalig im Studio von zwei der drei späteren Spiders-From-Mars-Musiker, nämlich Gitarrist Mick Ronson und Schlagzeuger Mick „Woody“

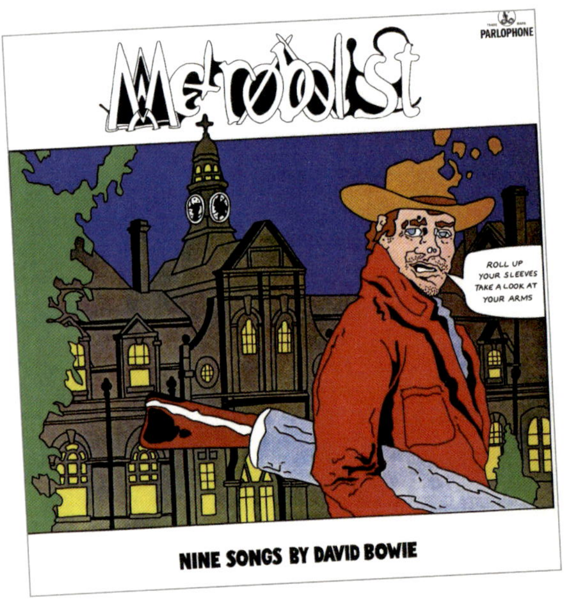

Woodmansey unterstützt, erwies sich vor allem Ronsons muskulös-bodenständiges Spiel als prägend. Darüber hinaus fanden sich in Bowies Melodieführung bereits Vorboten späterer Songs und Alben. Der Song „Black Country Rock“ war gar eine offenkundige Marc-Bolan-Imitation. Stilistisch in das Hard/Blues-Rock-Terrain von Bands wie Cream oder Led Zeppelin vorpreschend und zugleich mit Folk, Prog und Psychedelia sowie irren Echo-Toneffekten experimentierend, dominierten inhaltlich wiederkehrende Themen wie Wahnsinn und Entfremdung. Die Vermutung, dass diese von Bowies schizophrenem Halbbruder Terry inspiriert waren, wird vom originären US-Artwork des Albums unterstrichen: Die Zeichnung von Michael J. Weller zeigte im Pop-Art-Stil eine an John Wayne angelehnte Cowboyfigur vor der Londoner Nervenheilanstalt Cane Hill – dem Ort, an dem Terry behandelt wurde. Unterdessen hatte Bowie bereits ein alternatives Albumcover angestoßen. Das ikonische Foto des Sängers in einem Kleid von Designer Michael Fish auf einer Chaiselongue drapiert sollte das neue Artwork werden. Allerdings nur im UK, denn in den USA blieb man – zu Bowies Unmut – bei der Weller-Variante. Auch die Existenz zweier unterschiedlicher Albumtitel zeugte von der dualen Natur der Platte. Ursprünglich hätte Bowies drittes Album auf den Titel „Metrobolist“, eine Anspielung auf Fritz Langs expressionistisches Science-Fiction-Epos „Metropolis“ (1927), hören sollen. Doch dieser Titel wurde in letzter Minute verworfen. Erst 2020, zum 50-jährigen Jubiläum des Albums, wurde dieses als „Metrobolist“ und mit dem US-Artwork neu aufgelegt. Darauf finden sich fast alle neun „The Man Who Sold The World“-Songs in einem eigens von Tony Visconti angefertigten neuen Remix wieder. Lediglich „After All“, das darauf in seinem 2015er Remaster vorliegt, blieb unverändert und in seiner ursprünglichen Mix-Fassung, weil Visconti diese für bereits perfekt hielt.

His Way

Einen passenderen Eröffnungssong als „Changes“ hätte Bowie für sein 1971er Album „Hunky Dory“ nicht wählen können. So lässt sich der Songtitel als Agenda-Ansage bezüglich Bowies stetigem künstlerischen Veränderungswillen lesen. Der kunstvolle Art-Pop-Rock der Platte war eine erneute stilistische Abkehr von allem davor.

Nachdem mit Bassist Trevor Bolder die künftige The-Spiders-From-Mars-Band komplettiert wurde, machte sich Bowie mit dem vom Tontechniker zum Co-Produzenten beförderten Ken Scott an die Aufnahmen zu Album Nummer Vier. Beflügelt von seinem ersten USA-Besuch hatte Bowie eine Vielzahl von neuen Ideen im Gepäck, die er in hochmelodische und clever ausformulierte Songs verwandelte. Für das Tastenwerk der Piano-getriebenen Platte zeichnete erneut „Space Oddity“-Mitspieler Rick Wakeman verantwortlich, der Bowies Angebot, fest in seine Band einzusteigen, allerdings ausschlug. Stattdessen ergatterte Wakeman noch im selben Jahr ein Engagement bei den künftigen Prog-Giganten Yes. Derweil erwies sich der in klassischer Musik geschulte Ronson nicht nur an der Gitarre als Geheimwaffe. Bowies Gitarrist glänzte auch als Komponist und Arrangeur von Streicher-Passagen. So etwa für den Song „Life On Mars?“. Ein Lied mit einer besonderen Hintergrundgeschichte: Bekanntlich hatte Bowies 1967er Albumdebüt ihm nicht den gewünschten Erfolg eingebracht. Mit dem festen Willen, sich dennoch weiter im Musikbusiness zu verdienen, arbeite Bowie im Anschluss als Übersetzer und übertrug fremdsprachige Song-Erfolge ins Englische. Unter diesen Arbeiten befand sich auch „Even A Fool Learns To Love“. Es war Bowies Übersetzung des im Original von Jacques Revaux mit dem Interpreten Claude François komponierten und mithilfe von Gilles Thibaut betexteten Chansons „Comme d‘habitude“. 1969 wurde das Stück ein internationaler Hit. Jedoch nicht mit Bowies Text, sondern als das von Frank Sinatra intonierte „My Way“ auf Grundlage von Paul Ankas neu angefertigten englischsprachigen Lyrics. Ein Umstand, der Bowie maßlos ärgerte und dazu provozierte, seine eigene Variante des (musikalischen) Themas zu komponieren: Das Ergebnis war „Life On Mars?“, ein Song, dessen eröffnende Takte sich derselben Akkordfolge wie „My Way“ bedienen (dann aber im Verlauf ein musikalisches Eigenleben entwickeln). Auf seinem Stammalbum „Hunky Dory“ erklärte die handschriftliche Album-Backcover-Notiz „Inspired by Frankie“ die Sinatra-Verbindung. Die an selber Stelle den Songtitel „Kooks“ ergänzende Widmung „for small Z.“ meinte indes Bowies neugeborenen Sohn Zowie, während die Lou-Reed-Hommage „Queen Bitch“ mit den Worten „Some V.U. White Light Returned With Thanks“ kommentiert wurde. Selbsterklärende Stücke wie „Andy Warhol“ oder „Song For Bob Dylan“ unterstrichen den breitgefächerten Hommage-Charakter des Albums weiter. Für viele war und ist „Hunky Dory“, zu deutsch sinngemäß so viel wie „alles prima“, Bowies erste richtige und wichtige Platte.

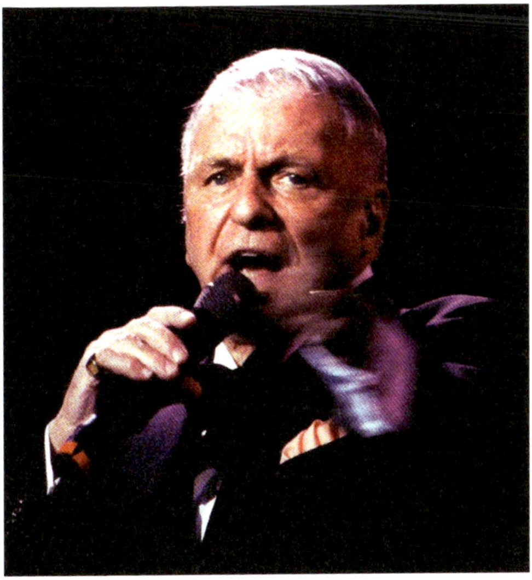

Frank Sinatra singt keinen Bowie-Text.

Braut Couture

Die 1970 geschlossene Ehe von David Bowie mit der gebürtigen Amerikanerin Mary Angela Barnett war auch für dessen Karriere entscheidend. So war die spätere Angie Bowie als extrem modebewusste Dame eine wichtige Muse. Für die Rolling Stones indes war sie nie eine solche: Das Gerücht, deren Song „Angie" sei von Mrs. Bowie inspiriert, dementierten Jagger und Richards mehrfach nach- und stichhaltig.

Dass David und Angie, die beide die gleiche Kleidergröße hatten, gerne ihre Garderobe teilten, hatte schon in interessanten, Geschlechterrollen umkehrenden Outfits bei dem Sänger resultiert. Später sollte Fashionista Angie, die sich schon in der Schule intensiver mit Schneiderei beschäftigt hatte, sich bei der Gestaltung der frühen Ziggy-Stardust-Bühnen-Kostüme kreativ noch weiter mit Nadel und Faden austoben. Ihre Faszination für kostümierte Helden lebte Angie auch jenseits der schneidernden Tätigkeiten für ihren Ehemann aus. So sprach sie 1974 bei der Produktion eines „Wonder Woman"-Fernsehfilms des US-Sender ABC unter ihrem Modelnamen Jipp Jones für die Hauptrolle vor (diese ging bekanntlich an Lynda Carter) und erwarb 1975 sogar – ihrer Zeit weit voraus – zeitlich begrenzt die Fernsehrechte für potentielle TV-Abenteuer-Adaptionen der Marvel-Comic-Charaktere „Black Widow" und „Daredevil". Ein gutes visuelles Gespür bewies Angie unterdessen auch bezüglich Bowies Bühnenshow. So war sie es, die den gezielten Scheinwerfereinsatz zur Hervorhebung von Details forderte, um so der Rockmusik einen theaterhaften Inszenierungscharakter zu verleihen.

Für die lange Zeit hartnäckig kolportierten Gerüchte, dass Angie, David und Mick Jagger in ein amouröses Dreiecksverhältnis verstrickt waren oder dass Angie David und Mick zusammen im Bett erwischt habe, fehlen hingegen bis heute die entscheidenden Beweise. Letzten Endes hielt die erste wie offene Ehe Bowies zehn Jahre. Am 8. Februar 1980 ließen sich Angie und David in der Schweiz scheiden. Das alleinige Sorgerecht für Sohn Duncan Zowie Haywood Jones bekam Vater David zugesprochen.

David und Angie Bowie in glücklichen Tagen

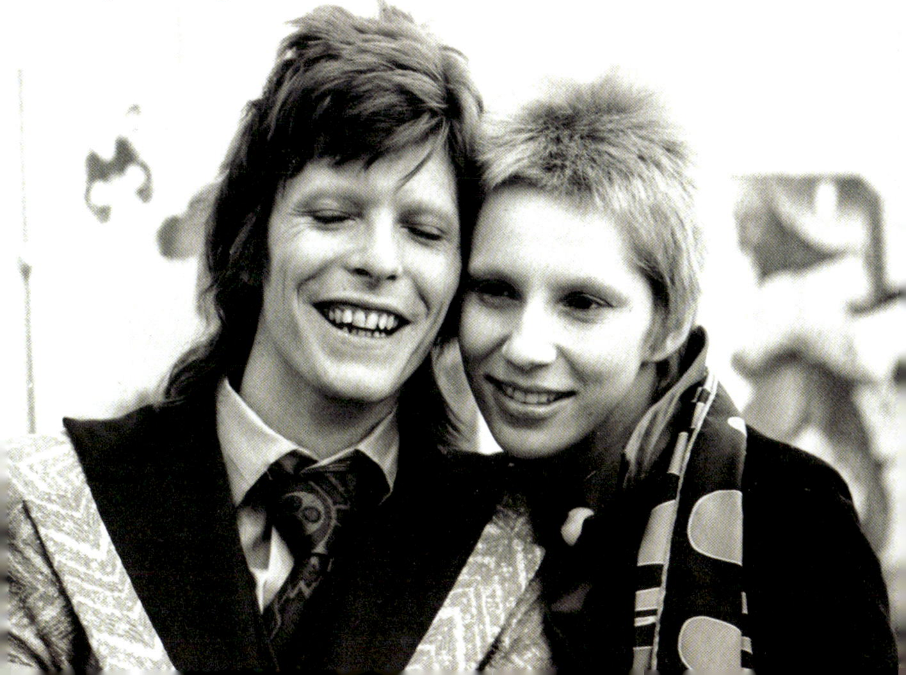

Sex? Yes, please!

Sein viertes Album, „Hunky Dory", war just im Dezember 1971 veröffentlicht worden und „Ziggy Stardust" stand schon in den Startlöchern. Dann gab Bowie in der auf den 22. Januar 1972 datierten Ausgabe des Musikmagazins „Melody Maker" ein rockhistorisches Interview.

„Ich bin schwul", behauptete Bowie gegenüber Journalist Michael Watts, „das war ich schon immer, selbst als ich noch David Jones war". Sind homosexuelle Handlungen im Vereinigten Königreich mit der Änderung der entsprechenden Paragraphen seit 1967 auch nicht mehr strafbar, ist ein solches Outing zu jener Zeit doch immer noch ein massiver Paukenschlag. Im selben Ge-

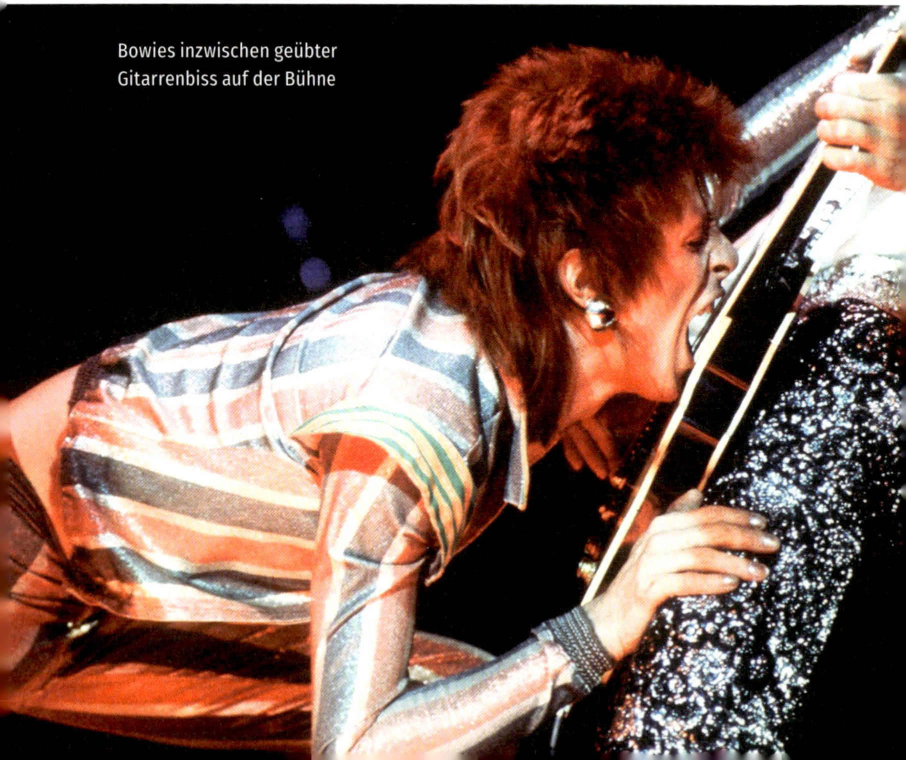

Bowies inzwischen geübter Gitarrenbiss auf der Bühne

spräch aber auch das gute Verhältnis zu seiner Ehefrau Angie und dem gut ein halbes Jahr alten gemeinsamen Sohn hervorhebend, konkretisierte Bowie seine geschlechtliche Ausrichtung also als bisexuell. Eine Gallionsfigur der Schwulenbewegung wollte er nämlich nicht werden, genauso wenig wie er sich von keiner anderen Sache vor den Karren spannen lassen wollte. Bowies ganzes Interesse galt der persönlichen Entfaltung und sämtlichen damit verbundenen Experimentierfreudigkeiten. Die frisch geschaffene Figur des „Ziggy Stardust" half ihm dabei als kosmischer Katalysator. Ein halbes Jahr später, Bowie hatte nun schon knapp 50 Konzerte als Ziggy Stardust gegeben, gelang ihm – respektive Vertrauensfotograf Mick Rock – ein ikonischer Schuss: Bei einem Konzert in der Oxford Town Hall am 17. Juni 1972, einen Tag nach Erscheinen des Albums „The Rise And Fall Of Ziggy Stardust And The Spiders From Mars" und vor einem 1000-Fans-starken Publikum, drückte Rock in dem Moment auf den Auslöser, in dem Bowie vor Ronson kniend und dessen Gesäß mit den Händen umklammernd in die Saiten von Ronsons Gitarre biss. Das „Gitarren-Fellatio"-Bild mit seinen gewollten oder auch ungewollten homosexuellen Untertönen, welches Bowie und sein Manager Tony Defries im „Melody Maker" einen Monat darauf zur ganzseitigen Anzeige aufzogen, ging in die Rockgeschichte ein. Und die Gebärde als Standard in das Repertoire folgender Ziggy-Stardust-Bühnenshows über.

(K)ein Abend mit Elvis

Wie für so viele seiner Generation war Elvis Presley auch für David Bowie die Verkörperung des amerikanischen Rock'n'Roll-Traums. Die Tatsache, dass sich Bowie und der King zwar nicht das Geburtsjahr (Elvis war zwölf Jahre älter), aber mit dem 8. Januar zumindest denselben Geburtstag teilten, dürfte Bowies Elvis-Faszination nur weiter beflügelt haben. Seine Bewunderung für Presley ging sogar so weit, dass Bowie für die Aussicht einer königlichen Audienz gar seine Flugphobie unterdrückte.

Dass Elvis und Bowie in RCA dieselbe Plattenfirmenheimat hatten, ermöglichte einst einen logistischen Coup der ganz besonderen Art. Inmitten seiner laufenden „Ziggy Stardust"-Tour nahm Bowie an einem Gig-freien Wochenende die Einladung an, am Samstag, den 10. Juni 1972, ein Konzert von Elvis Presley im New Yorker Madison Square Garden zu besuchen. Wortwörtlich just eingeflogen, kam Bowie nicht mal in den Genuss der gesamten Show, geschweige denn tatsächlich näher an Elvis heran als die von RCA zur Verfügung gestellten (immerhin guten) Sitzplätze es zuließen. Auch aus einer späteren Kollaborationschance wurde nichts. Mag Elvis angeblich auch Gefallen an Bowies 1975er Song „Golden Years" gefunden haben und wurde in den Londoner und New Yorker RCA-Büros zu jener Zeit tatsächlich die Möglichkeiten diskutiert, Bowie als Songschreiber und/oder Produzent mit Elvis zusammenzubringen, hat sich eine Zusammenarbeit der beiden de facto nie ergeben. Angeblich erhielt Bowie immerhin eines Tages eine kleine Notiz vom König des Rock'n'Roll: „Alles Gute, und hab eine tolle Tournee", sollen Presleys Worte an seinen Bewunderer Bowie gelautet haben.

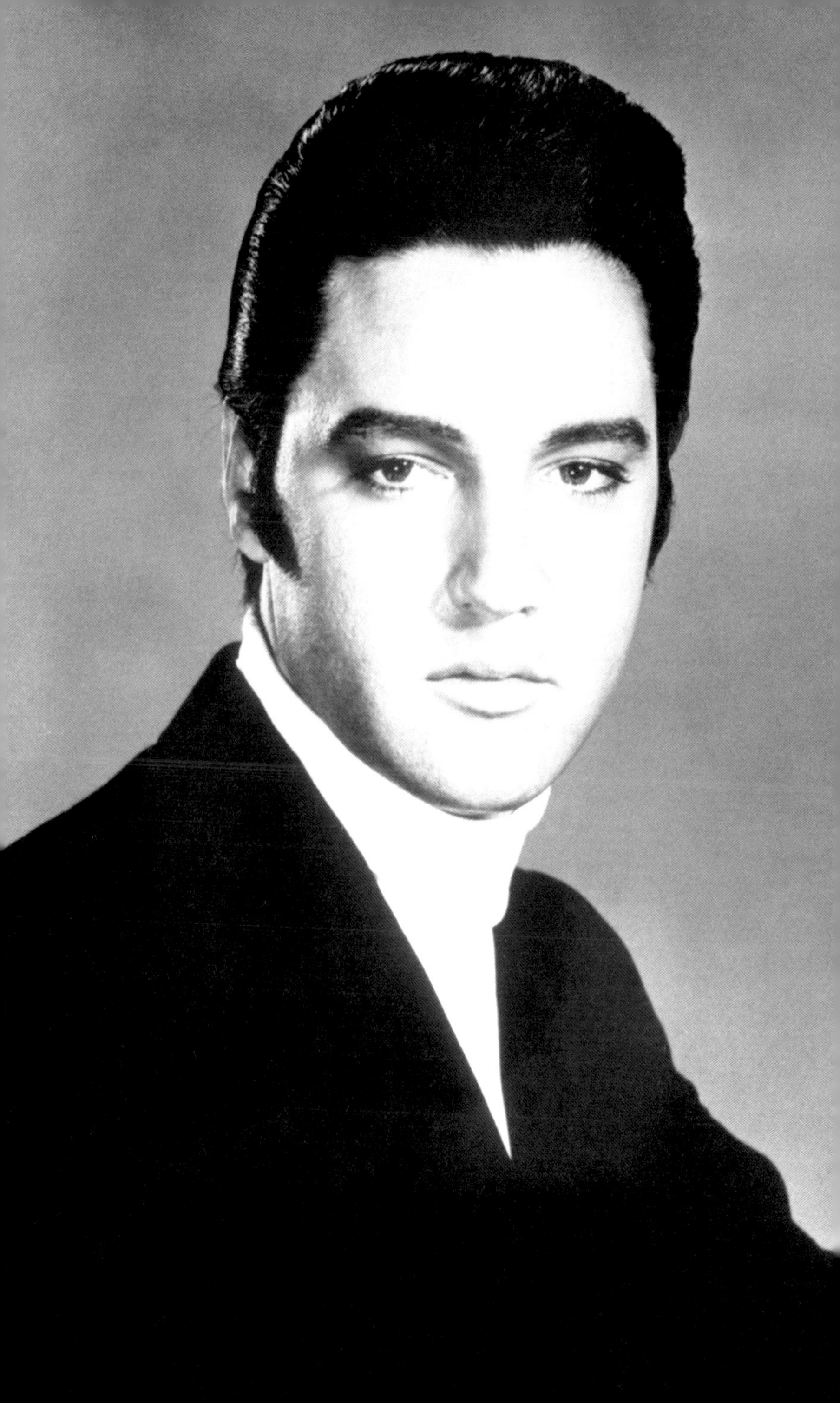

Haarige Angelegenheit

War es Angie Bowie, die ihren damaligen Ehemann schon früh zu gewagten modischen Experimenten anspornte, ging ein ikonisches äußeres Merkmal nicht auf das Konto seiner einstigen Angetrauten, auch wenn diese selber einen Hang zur Kurzhaarfrisur hatte: Der markante stachelige Ziggy-Stardust-Rotschopf ist die Erfindung einer anderen.

Diese Ehre kommt der Friseurin Suzi Fussey (später Ehefrau von Mick Ronson) zuteil, die zunächst Bowies Mutter und darauf Angie die Haare machte. Im Winter 1971 wurde ein Hausbesuch Fusseys bei den Bowies in deren Domizil Haddon Hall zu dem Moment, der Frisurengeschichte schrieb. Trug Bowie zu jener Zeit noch seine lange blonde Hippiemähne, die ihm Vergleiche mit Hollywood-Haarschönheiten wie Lauren Bacall und Veronica Lake eingebracht hatte, lag an jenem Abend der Wunsch zur Typveränderung in der Luft. Die Vorlage für die brandneue Vokuhilafrisur lieferten wahlweise, so genau erinnerte sich keiner mehr, eine Kombination aus diversen Modezeitschriftenanzeigen oder ein Model, das vom japanischen Designer Kansai Yamamoto gestylt worden war. Doch der neue radikale Schnitt allein sollte nicht genügen. So fand die Friseurin im flammroten Haarfärbemittel des deutschen Herstellers Schwarzkopf und einem stabilisierenden Antischuppenpülverchen von Gard etwas später die perfekte Kombination aus Koloration und festigendem Strukturerhalt-Produkt für Bowies neue feuerrote Haarpracht.

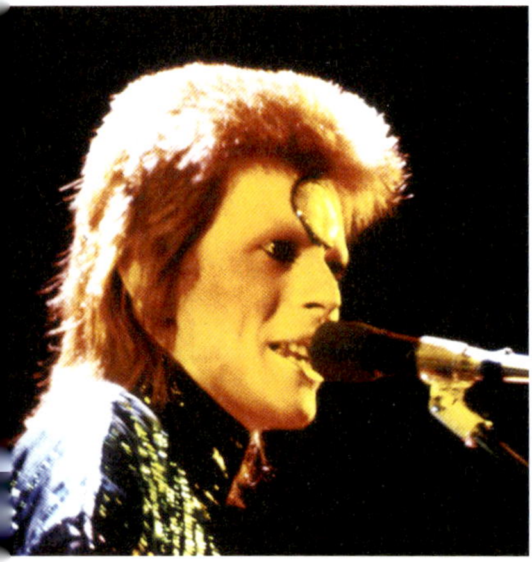

AHA!

Kunstkonsum auf hoher See

Es entbehrt nicht einer gewissen Ironie, dass ausgerechnet der Science-Fiction-begeisterte Schöpfer eines Astronautencharakters und eines außerirdischen Rockstars im wahren Leben schon früh eine Angst vorm Fliegen entwickelt hatte. Insbesondere Interkontinentalreisen bevorzugte Bowie statt im Flugzeug an Bord berühmter Passagierschiffe wie der Queen Elizabeth 2 oder der SS Canberra anzutreten.

So auch für seine erste US-Tournee, die Bowie an Bord der Queen Elizabeth 2 am 10. September 1972 in Southampton ablegen und am 17. September im Hafen von New York anlegen sah. Dass er dabei eines Abends an Bord in voller Ziggy-Stardust-Bühnenmontur die Blicke und Aufmerksamkeit der anderen Passagiere auf sich zog, soll den Sänger sogar irritiert und ein wenig eingeschüchtert haben. Seine letzte Fahrt mit der QE2 trat Bowie für die „Heathen"-Tournee drei Dekaden später im Jahre 2002 an, wo er am 26. Juli im nunmehr heimischen New York von Bord ging. Nach Bowies Angabe begann seine Flugphobie mit der Geburt seines Sohnes im Mai 1971. Und auch wenn er zwischendurch immer wieder (Kurzstrecken-)Flüge unternahm, genoss der Sänger die Entschleunigung, die jene Seereisen mit sich brachten. Bowie nutzte seine Freizeit auf hoher See Insbesondere, um viel zu lesen und untertitelte Europäische Avantgarde-Filmklassiker anzuschauen – eine Leidenschaft, die in seinem heimischen Haushalt niemand mit ihm teilte.

Ein Taschentuch für Ziggy

Im Schlepptau der Single „Starman“ – Bowies Erfolgsgeschichte blieb dem Weltall verbunden – geriet der dazugehörige Langspieler, „The Rise And Fall Of Ziggy Stardust And The Spiders From Mars“, zum lang ersehntem Durchbruchsalbum. Als eine der Schlüsselscheiben des Glam Rock sollte das (lose) Konzeptalbum über einen außerirdischen Rockstar Musikgeschichte schreiben und die Bowie-Mania begründen. Das gesangliche Geheimnis des markanten Openers „Five Years“ hingegen wurde erst Jahrzehnte später enthüllt.

Mitte 1972 waren alle Weichen endlich gestellt: Die Haare, das Make-up und die neuen Klamotten für Bowie und seine nunmehr als The Spiders From Mars auftretende Band saßen, und auch das musikalische Makeover war vollständig vollzogen. Nahezu parallel zu beziehungsweise im nahtlosen Anschluss an „Hunky Dory“ entstanden, war auf Bowies neuestem Album das Piano in den Hintergrund gerückt und neben Bowie/Ziggy regierte Mick Ronson mit seiner glühenden Gibson Les Paul. Bowies neues androgynes Alter-Ego speiste sich aus solch unterschiedlichen Inspirationsquellen wie dem britischen Rock'n'Roller Vince Taylor, einem texanischen Psychobilly-Pionier namens Legendary Stardust Cowboy, Iggy Pop, Lou Reed sowie Stanley Kubricks „A Clockwork Orange“ (dt: „Uhrwerk Orange“). Die textlich nachträglich zur Musik angefertigte Narration der Rock-Oper ist ähnlich zusammengestückelt: Die Geschichte des in ein Weltuntergangszenario geworfenen Protagonisten, der als Rock-Messias zum Heilsbringer werden soll, dann aber doch Ruhm und Narzissmus verfällt und am Ende vor den Trümmern seiner Band und der Berühmtheit steht, ließ jedoch genügend Spielraum für Interpretationen. Eindeutiger gestaltete sich die Identifizierung von Bowies gesanglichem Geschick und seine bei den Aufnahmen des Album-Openers an den Tag gelegte emotionale Intensität. Schon früh war Bowie dafür bekannt, das

Gros seiner Gesangsaufnahmen für einen Song direkt im ersten Take, also gleich beim ersten Anlauf, absolut makellos abzuliefern. Der Song „Five Years“ indes gestaltete sich etwas anders als sonst. Es existieren unterschiedliche Aussagen darüber, wie viele Anläufe Bowie in diesem Spezialfall nun wirklich benötigt hatte. Einmal wird behauptet, es wären aufgrund der unterschiedlichen Aufnahmeeinstellungen, die der ruhig beginnende und sich auch stimmlich ins Crescendo steigernde Song erforderte, ganze zwei Takes gewesen. An anderer Stelle heißt es, es wären ein paar nachträglich eingefügte Overdub-Worte gewesen, weil Bowie zum Finale des Songs – weiter singend – tatsächlich in Tränen ausgebrochen sei. Bowie-Biograf und ehemaliger „GQ“-Herausgeber Dylan Jones bestätigte die Existenz der Tränen-Tonspur. Als Jones nach Bowies Tod 2016 bei der Branchenveranstaltung „Advertising Week“ zusammen mit Ken Scott an einer Podiumsdiskussion teilnahm, spielte Scott dem staunenden Publikum die isolierte Gesangsspur mit Bowies Schluchzen vor. Auf dem finalen Album-Mix zwar nicht explizit heraushörbar, dürfte diese Information für manchen ausreichen, um Ziggys Tränen ob der dem Untergang geweihten Welt beim Hören des Songs künftig im Kopf nicht mehr ausblenden zu können …

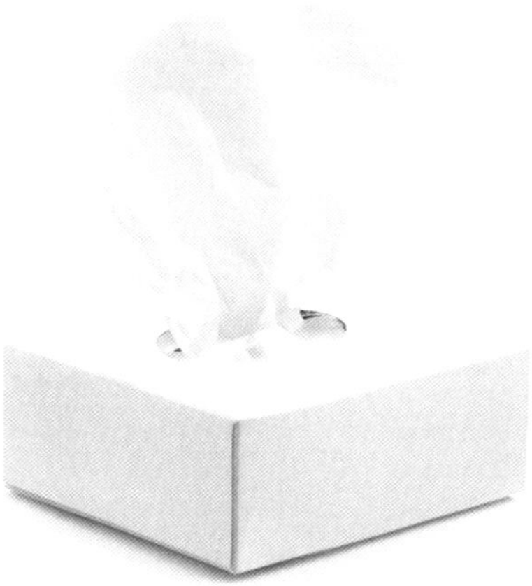

AHA!

Der doppelte Lou

Im August 1972 machten sich Bowie und sein Gitarrist Mick Ronson an die Produktion des zweiten Soloalbums von Sänger/Gitarrist Lou Reed. Das Ergebnis, „Transformer“, sah den Velvet-Underground-Grantler aus Gotham zum Londoner Glamrocker mutieren. Dabei war die erste Begegnung von Bowie mit seinem Idol ein Jahr zuvor eine vermeintliche.

Bei seiner ersten USA-Reise im Januar 1971 besuchte Bowie auch ein Konzert der Kultband The Velvet Underground im New Yorker Nachtclub Electric Circus. Begeistert machte sich Bowie nach der Show in den Backstagebereich auf und brachte es sogar so weit, mit Lou Reed einen Plausch zu halten. Zumindest war Bowie eine Zeit in dem Glauben. Wie sich erst später herausstellen sollte, war sein Gesprächspartner nicht Reed gewesen, denn der hatte die Band ein Jahr zuvor verlassen. Vielmehr handelte es sich um den Ersatzmann und Nahezu-Doppelgänger Doug Yule, welcher vom Bassisten zum Gitarristen und Frontmann befördert worden war. Dem echten Lou Reed begegnete Bowie schließlich erstmals ein halbes Jahr später. Für die Vertragsunterzeichnung bei RCA war Bowie erneut in New York und lernte während seines einwöchigen USA-Aufenthaltes nicht nur Reed, sondern auch Andy Warhol sowie Iggy Pop kennen. Ein Jahr später saß nun ein vom „Ziggy Stardust“-Erfolg beflügelter Bowie bei Reeds zweitem Solowerk in den Londoner Trident-Studios an den Reglern. Das Endprodukt, „Transformer“, brachte Reed mit Bowie-Bonus schließlich auch den ersehnten Erfolg als Solokünstler. Zu den Hits der Platte zählten „Walk On The Wild Side“, „Satellite Of Love“ sowie „Perfect Day“, welches Co-Produzent Ronson mit einem markanten Streicher-Arrangement versehen hatte. Für Bowie selber hatte die Bekanntschaft mit Reed bereits zuvor kreative Früchte getragen. So bildete das von Reed inspirierte Lied „Queen Bitch“, welches auf dem Album „Hunky Dory“ (1971) zu finden ist, formal und im Ton eine frühe Blaupause für den Glam Rock von „Ziggy Stardust". 26 Jahre später sollte sich bei der großen Geburtstagskonzert-Party, die Bowie sich selbst zu seinem 50. schmiss, der Kreis schließen: Zusammen mit Reed führte er dort unter anderem „Queen Bitch" wie auch „I'm Waiting For The Man" auf – den von Reed verfassten Velvet Underground-Hit, dessen rhythmische und tonale Ökonomie Bowie sich einst für seine erfolglose 1967er Single „The Laughing Gnome" zum Vorbild genommen hatte.

Lou Reed adaptierte damals auch optisch den Glam-Look

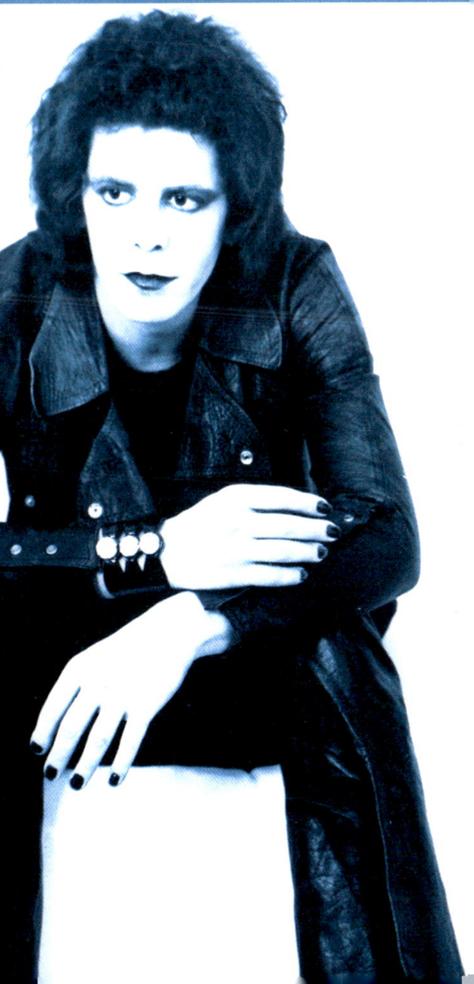

Rasur-Rache

Als Fan der Gruppe Mott The Hoople rettete Bowie im Juli 1972 deren strauchelnde Karriere, indem er ihnen seinen Song „All The Young Dudes“ zur Verfügung stellte. Die Nummer wurde für sie zu einem Hit und einer (missverstandenen) Hymne der Glam-Rock-Generation. Das nächste gut gemeinte Liedgeschenk an die Gruppe um Sänger Ian Hunter und Gitarrist Mick Ralphs kam allerdings nicht so gut an – und sorgte bei Bowie für eine kosmetische Kurzschlusshandlung.

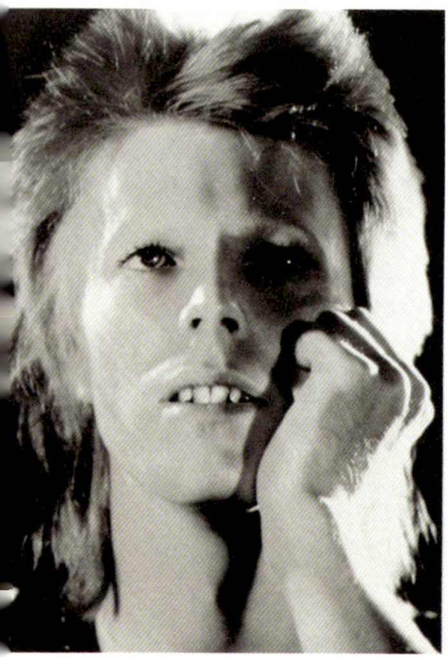

Während seiner US-Tournee 1972 hatte Bowie den Song „Drive-In Saturday“ geschrieben. Inspiriert wurde der dystopische Doo-Wop-Rocker, dessen Text unter anderem Mick Jagger erwähnt, von den kargen und öden Landschaften, die sich zwischen Seattle, Washington und Phoenix, Arizona erstreckten. Bowie offerierte Mott The Hoople besagte Nummer als potentielle Folgesingle zu „All The Young Dudes“. Doch diese wiesen das Angebot zurück. Für Bowie ein derartiger Affront, dass er sich eines Abends in Florida (vermutlich unter Einfluss großer Mengen von Alkohol und gutmöglich Anderem) seine Augenbrauen abrasierte. Dabei hätte er eigentlich bedachter reagieren können. Schließlich hatten Mott The Hoople auch schon „Suffragette City“ abgelehnt, welches Bowie ihnen noch vor „All The Young Dudes“ als Song-Kandidaten ans Herz gelegt hatte. Letzten Endes hatte Bowie ein Jahr später mit „Drive-In Saturday“ selber einen Charterfolg (Platz 3 im UK). Und der außerirdische Ziggy-Look war zudem um ein äußeres Alleinstellungsmerkmal reicher geworden.

Der Ghostwriter

Mott The Hoople waren weder die Ersten noch die Einzigen, die sich mit einem Song aus Bowies Feder schmücken durften. Hier eine Auswahl an Stücken, die Bowie für andere schrieb (oder ihnen zur Verfügung gestellt hatte).

Kenny Miller „Restless "/„Take My Tip" (1965)
Im Jahre 1965 veröffentlichte ein gewisser Kenny Miller eine Single, welche das Coverstück „Take My Tip" zur B-Seite hatte. Der ursprünglich von Bowie mit The Manish Boys als B-Seite von deren Single „I Pity The Fool" eingespielte Song, war Bowies erste (noch unter Davie Jones) offiziell veröffentlichte Komposition.

Herman´s Hermits „Oh You Pretty Thing" (sic!) (1971)
Peter Noone, Frontmann von Herman's Hermits veröffentlichte noch vor Bowie Mitte 1971 den „Hunky Dory"-Song „Oh! You Pretty Things" in seiner Version mit Bowie am Piano.

Dana Gillespie „Andy Warhol" (1973)
Bowie hatte das Stück, das in seiner primär akustischen Bearbeitung auf dem Album „Hunky Dory" zu finden ist, für die mit ihm eng befreundete Dana Gillespie geschrieben. Gillespie führte die Nummer auch am 3. Juni 1971 bei Bowies John-Peel-BBC Session auf. Ihre glamourösere, spätere Studiofassung des von Bowie und Ronson produzierten Songs erschien allerdings erst 1973 auf ihrem Album „Weren't Born A Man".

Tina Turner „Girls" (1986)
Für Turner und deren Album „Break Every Rule" schriebt Bowie 1986 zusammen mit Erdal Kızılçay den Song „Girls", welchen er ein Jahr später auf der B-Seite von „Time Will Crawl" noch einmal selbst interpretierte.

Ava Cherry & The Astronettes „People From Bad Homes" (1995)
Ava Cherry war nicht nur Teil von Bowies „Young Americans"-Background-Gesangs-Ensemble, sondern stand auch im Fokus einer eigenen Albumproduktion. Das Demomaterial dieser Sessions erblickte erst 1995 das Licht der Welt – ohne Absegnung von Bowie oder Cherry und zu deren Ärgernis.

AHA!

Blitzreis

Der berühmte rot und blau schattierte Bowie-Blitz wird oftmals „Ziggy Stardust“ zugeschrieben. Dabei war er de facto erst Teil von Bowies nächstem Charakter „Aladdin Sane“. Auf dem Album-Artwork der gleichnamigen, am 19. April 1973 im UK veröffentlichten Ziggy-Nachfolgerplatte ziert Bowies Gesicht genau dieser Blitz. Dessen Entstehungsgeschichte involviert der Legende nach Elvis, Lippenstift sowie ein japanisches Küchengerät.

Während der US-Termine der „Ziggy Stardust“-Tournee geschrieben und zwischen London und New York in relativ kurzer Zeit abermals mit Hilfe von Co-Produzent Ken Scott eingespielt, charakterisierte Bowie „Aladdin Sane“ (ein Wortspiel mit der Aussage „A lad insane“, zu Deutsch etwa „ein wahnsinniger Bursche“) einst als die amerikanische Ausgabe von Ziggy. Die Spiders From Mars begleiteten ihn darauf weiterhin als Backingband, neu hinzugestoßen war allerdings noch das Jazz-geschulte Pianistengenie Mike Garson. Geriet der Glam Rock dieser Platte etwas dreckiger und zugleich überbordender, gestaltete sich das Plattencover unterdessen luxuriös. Angeblich hatte Bowie-Manager Tony Defries angeordnet, das Foto so kostspielig wie möglich zu gestalten, damit die Plattenfirma in Promotion-Zugzwang käme. Tatsächlich war das angewandte Bildbe-

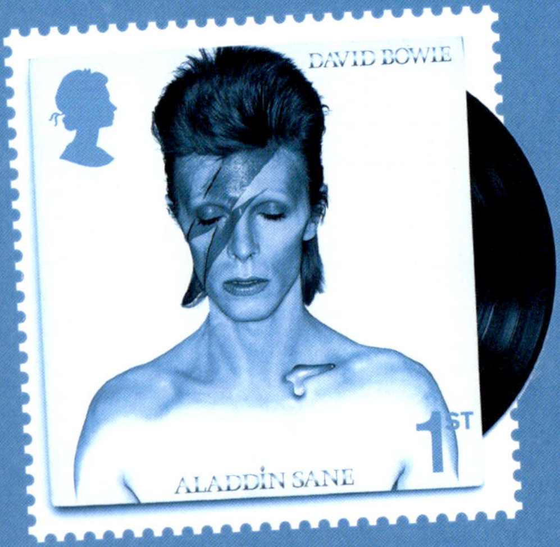

arbeitungsverfahren für den siebenfarbigen Druck des Fotos, bei dem die Siebplatte eigens in der Schweiz angefertigt werden musste, nicht die günstigste Variante und machte das Artwork zu einem bis dato teuersten seiner Zeit.

Und der Blitz? Nun, eine von Cover-Fotograf Brian Duffy kolportierte Theorie besagte, dass dies Bowies Adaption von Elvis' „TCB"-Logo (steht für „Taking Care Of Business") darstelle, welches neben den drei Buchstaben ebenfalls einen Blitz beinhaltete. Die für das Coverfoto verwendete Variante ging unterdessen vermutlich eher auf eine viel profanere Vorlage zurück: Angeblich war es das Logo eines im Fotostudio herumstehenden Reiskochers der japanischen Firma „National Panasonic", welches man für Bowies Gesichts-Blitz einfach kopierte. Bei genauer Betrachtung weist das damals in rot-weißer Variation existente Logo des Elektrokonzerns in seiner formalen Beschaffenheit in der Tat eine frappierende Ähnlichkeit auf. Ausgemalt wurde das Ganze dann auch noch. Mit knallrotem Lippenstift.

Das Auge hört mit

Die Bedeutung der richtigen Garderobe für (s)eine visuelle Wirkungskraft entdeckte Bowie bereits früh. Nach Mod- und Hippie-Look begann er Anfang der 1970er Jahre verstärkt mit extravaganteren Outfits zu experimentieren.

Ein frühes Beispiel dafür sind die von Angie Bowie mitgestalteten und mitgenähten Kostüme der kurzlebigen Band The Hype, bei der Bowie mit Glitzerumhang, Mick Ronson im Gangsteroutfit und Tony Visconti als superheldenhafter „Hypeman" auf die Bühne gingen. Später sah man Bowie in Kreationen seines Freundes Frederick Burretti: Bowies blauer Satinanzug aus dem „Life On Mars?"-Video oder der Stepp-Jumpsuit, den er bei der „Top Of The Pops"-TV-Premiere von „Starman" trug, stammen von ihm. In der Ziggy-Hochphase kamen schließlich die äußerst fantasievollen Kreationen des japanischen Designers Kansai Yamamoto dazu. Dessen farbenprächtige und ungewöhnlich geschnittene Overalls sowie die Einweihung Bowies in die dem Kabuki-Theater entlehnte Hikinuki-Technik (die Kunst des schnellen Kostümwechsels auf der Bühne), waren für die Ziggy-Stardust-Shows von essenzieller Bedeutung. Nach seiner Abkehr vom Glam Rock bevorzugte Bowie lange Zeit auch auf der Bühne vermehrt den klassischen Herrenanzug. Ab Mitte der 1990er Jahre avancierte dann der damals aufstrebende britische Modedesigner Alexander McQueen zu Bowies Ausstatter-Favoriten. Zu den Designs des bereits 2010 Verstorbenen zählt unter anderem der auf dem Albumcover von „Earthling" (1997) verewigte Union-Jack-Mantel.

Wie wenig Stoff einst für ein Bowie-Kostüm benötigt wurde, musste Supermodel Kate Moss wortwörtlich am eigenen Leib erfahren: Ein „Vogue"-Shooting im Jahre 2003, bei dem Moss diverse von Bowie entliehene Originalkostüme tragen sollte, wäre fast daran gescheitert, dass ihr die Teile schlichtweg zu eng waren. Letztendlich bewilligte Bowie das Auslassen der Nähte ...

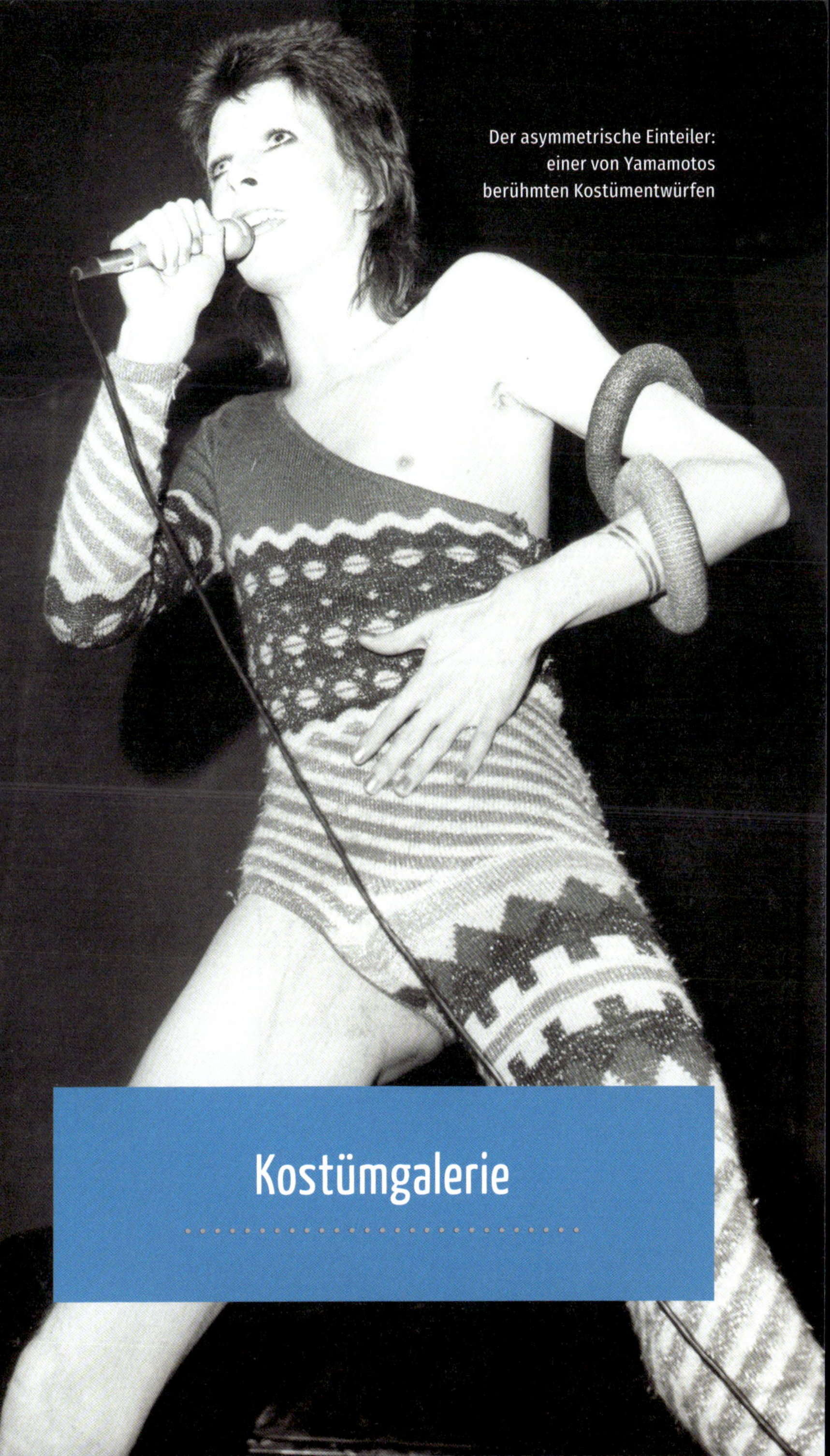

Der asymmetrische Einteiler: einer von Yamamotos berühmten Kostümentwürfen

Kostümgalerie

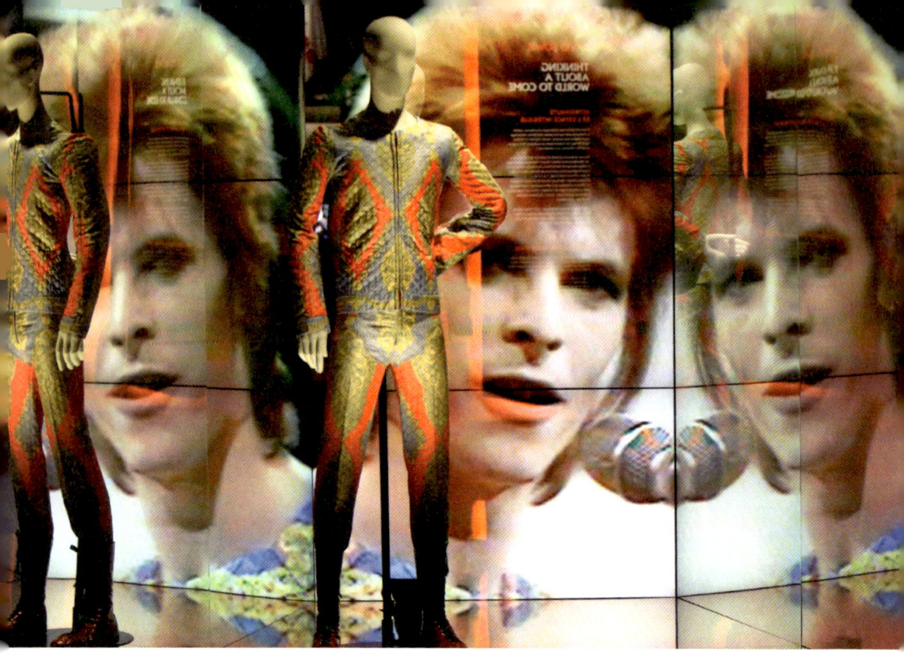

Das von Frederick Burretti für Bowies/Ziggys „Top Of The Pops"-TV-Premiere am 6. Juli 1972 entworfene Kostüm

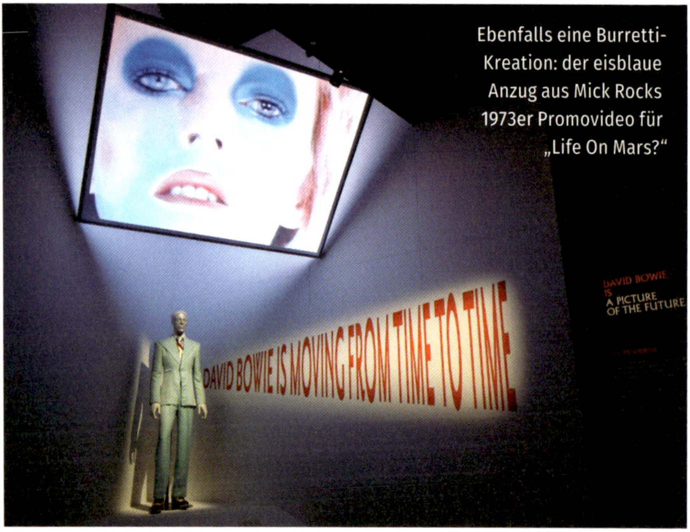

Ebenfalls eine Burretti-Kreation: der eisblaue Anzug aus Mick Rocks 1973er Promovideo für „Life On Mars?"

Definitiv ein Hingucker: Kansai Yamamotos „Tokyo Pop“-Vinyl-Body-Suit kam auf der „Aladdin Sane“-Tour 1973 zum Einsatz.

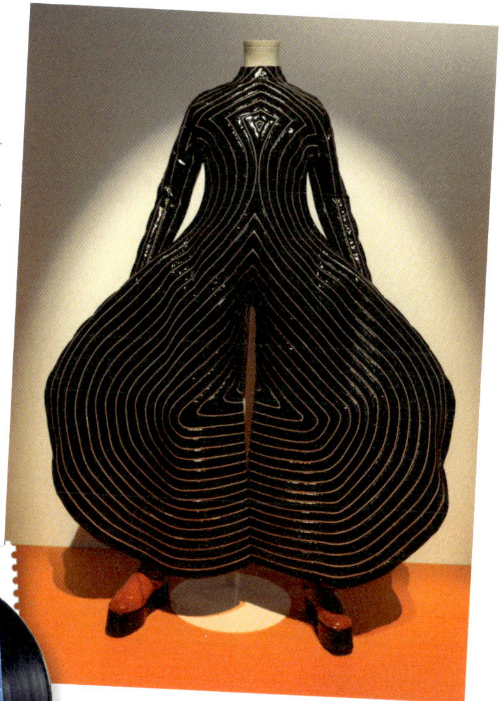

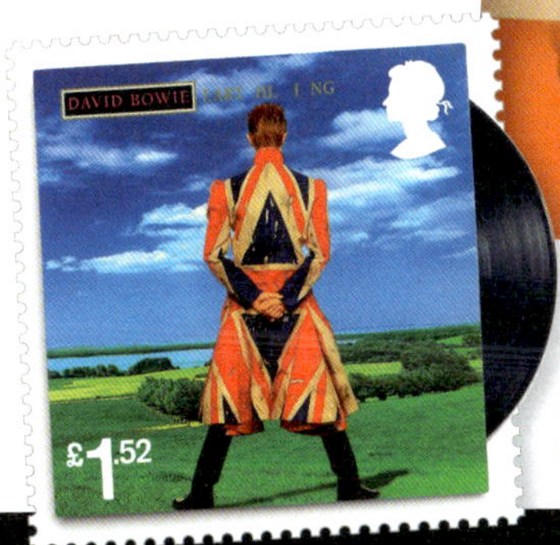

Den Union-Jack-Mantel von McQueen trug Bowie auch auf seiner Feier zum 50. Geburtstag.

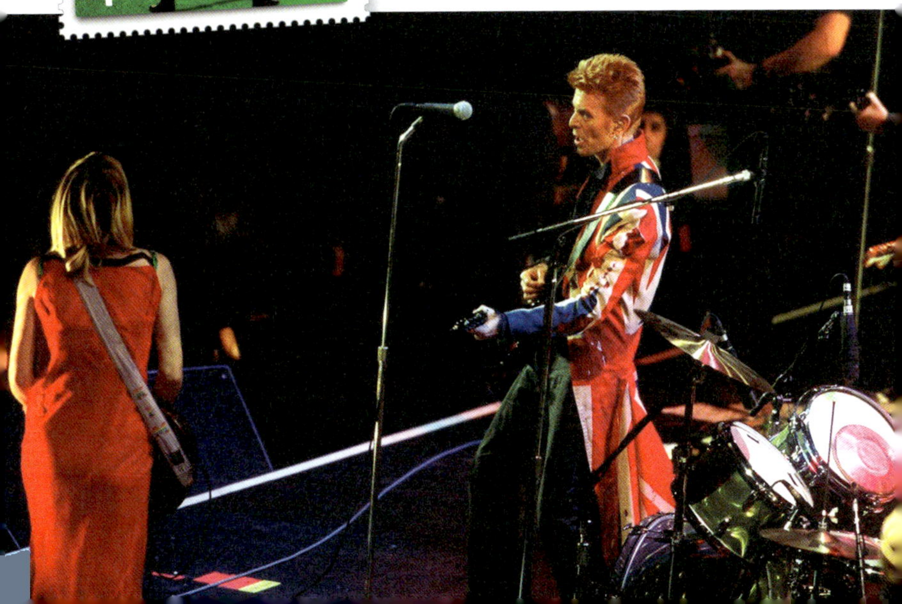

Rock'n'Roll-Rückschlagspiel

1974 befand sich Bowies Zukunft und Karriere an einem Scheideweg. Davon zeugte auch das etwas zusammengewürfelt wirkende Album „Diamond Dogs". Dennoch brachte die Platte mit der finalen Glam-Rock-Ode „Rebel Rebel" einen Song hervor, der die Rolling Stones verärgern und zugleich Tennisprofi John McEnroe an die Grenzen seiner Fähigkeiten bringen sollte. Als Gitarrist wohlgemerkt.

Über seine eigene künstlerische Evolution unschlüssig, begann Bowie im Vorfeld zu „Diamond Dogs" mit Projektideen wie der eines „Ziggy Stardust"-Musicals oder der musikalischen Adaption von George Orwells Dystopie-Klassiker „1984" zu spielen. Dabei scheiterte letzteres daran, dass ihm Orwells Witwe die Rechte an dem Werk verwehrte. So beschloss Bowie, selbst ein apokalyptisches Szenario, unter anderem inspiriert vom Werk William S. Burroughs', zu entwerfen. Von Ziggy noch nicht gänzlich befreit, fanden sich auf dem Album Songs wie „Rebel Rebel", aber auch erste Ausflüge in den Funk und Soul wie „Rock'n'Roll With Me" oder das funkige „1984", die etwas von „Young Americans" vorwegzunehmen schienen. Erwähnenswert sind auch die gleich mehrfachen Rolling-Stones-Bezüge der Platte. Da wäre zum einen die Geschichte des Album-Artworks, für das der belgische Künstler Guy Peellaert verantwortlich zeichnet: Peellaerts zwischen Psychedelia und Pop Art changierende Illustrationen hatten ihn 1973 mit dem Buch „Rock Dreams", das in Kollaboration mit dem Autor Nik Cohn entstandenen war, populär und zum Szenegespräch gemacht. Unter den Bewunderern des Belgiers war auch Mick Jagger, der diesen gar mit der Anfertigung des Artwork zum kommenden Stones-Album (auf dessen Song „It's Only Rock 'N Roll (But I Like It)" Bowie übrigens im Background sang) beauftragt hatte. Als Bowie davon Wind bekam, versuchte er Jagger auszustechen und schaffte es, Peellaert dazu zu bringen, das Artwork für sein neues Album „Diamond Dogs“ zu gestalten. Wohl wissentlich, dass dieses ein gutes halbes Jahr vor der Stones-Scheibe veröffentlicht werden würde. Doch nicht nur mit dem berühmten Bild auf Grundlage eines Fotos von Terry O’Neill, welches Bowie als Mann-Hund-Kreatur zeigte, wilderte der Sänger in Rolling-Stones-Terrain. Auch das hauptsächlich von Bowie ersonnene und mit dem Gitarristen Alan Parker finalisierte, tatsächlich Keith Richards-Charakteristika aufweisende Gitarrenriff von „Rebel Rebel“, sollte nach Aussage Parkers „Mick ein wenig verärgern“. Dass sich jene Song-Stichelei eines Tages in unerwartet anderer Form einmal rächen würde, konnte Bowie zum damaligen Zeitpunkt nicht ahnen.

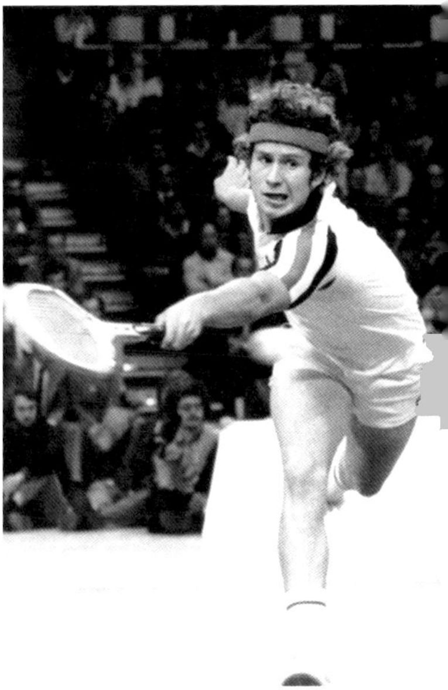

Anfang der 1980er Jahre mühte sich Tennisstar John McEnroe in seinem Hotelzimmer in London des Nachts mit den Riffs der Bowie-Songs „Suffragette City“ und „Rebel Rebel“ ab. Der repetitive Charakter von Letzterem brachte dabei einen anderen Hotelgast um den Schlaf und nahezu den Verstand: David Bowie. Entnervt klopfte Bowie an die Tür des Störenfrieds und war beim Anblick des sich eröffnenden Gegenübers verdutzt. „Sowas kann eigentlich nur in einem Film passieren, oder? McEnroe, der versucht sich durch das Riff von ‚Rebel Rebel‘ zu quälen“, gab Bowie die Anekdote 2003 amüsiert dem Magazin „Performing Songwriter“ zu Protokoll.

Kollegen und Konkurrenten

Sowohl T.-Rex-Kopf Marc Bolan als auch David Bowie wurde eine Pionierrolle bei der „Erfindung" des Glam Rock zugeschrieben. Ihr anfangs eng verknüpfter Karriereweg suggerierte eine Rivalität zwischen den beiden, die so nicht vollständig zutreffend ist. Bowie und Bolan waren beides: Kumpel und Konkurrenten.

Hatten sich die Pfade der beiden im „Swinging London" seit Mitte der 1960er Jahre mehrfach gekreuzt, ging man 1969 sogar zusammen auf Achse. So durfte Bowie als Pantomimenkünstler das Vorprogramm von Bolans damals noch als Tyrannosaurus Rex operierender Folk-Duo-Formation bestreiten. Etwas später holte Tony Visconti, Produzent für Bolan wie auch Bowie, Ersteren als Gitarristen für einen potentiellen „Space Oddity"-Single-Nachfolger ins Studio. Doch das im Januar 1970 aufgenommene, als Liebesbeweis für Bowies baldige Angetraute Angie komponierte Lied „The Prettiest Star" floppte in seiner Urfassung. (Eine neue Version wurde für „Aladdin Sane" eingespielt.) Am 22. Februar 1970 spielte Bowie dann im Londoner Roundhouse einen schicksalhaften Gig mit seiner neu gegründeten Band Hype. Mit Mick Ronson an der Gitarre und Visconti am Bass trat die kurzlebige Band kostümiert und geschminkt auf. Dem gern als „Geburtsstunde des Glam Rock" bezeichneten Gig wohnte der Legende nach Bolan im Publikum bei. Der erste Hype-Schlagzeuger John Cambridge behauptete unterdessen weiterhin, die Band sei erst zwei Wochen später in voller Montur aufgetreten. Geht es um die erste große Glam-Singleveröffentlichung, kam Bolan Bowie zuvor: Sein mit Glitzeraugen und Satinklamotten im März 1971 in der britischen TV-Musik-Show „Top Of The Pops" aufgeführter Song „Hot Love" präsentierte einen bunten Bubblegum-Boogie-Sound und stellte Bolans Abkehr vom Folk dar. Nachdem Bowie 1972 als Ziggy-Stardust-Charakter reüssiert hatte, verschärfte dies den Konkurrenzkampf um die Glam-Rock-Krone.

Einen Spaß an Schabernack-Reimen schienen sich die beiden dessen ungeachtet weiter zu teilen – dies belegt zumindest die Namenswahl für ihre jeweiligen Sprösslinge. Während Bowie für seinen Sohn den Namen Duncan Zowie Haywood Jones auserkoren hatte (sodass man diesen Zowie Bowie rufen konnte), taufte der T.-Rex-Chef seinen im September 1975 geborenen Sprössling schlichtweg Rolan (auch wenn in dessen Geburtsurkunde Rolan Seymour Feld steht). Mit der bald schon wieder abklingenden Glam-Begeisterung wurde T. Rex' Siegeszug jedoch arg ausgebremst. Schon 1974 konnte Bolan keine großen Charterfolge mehr verzeichnen – im Gegensatz zu Bowie, der sich rechtzeitig stilistisch umorientiert hatte.

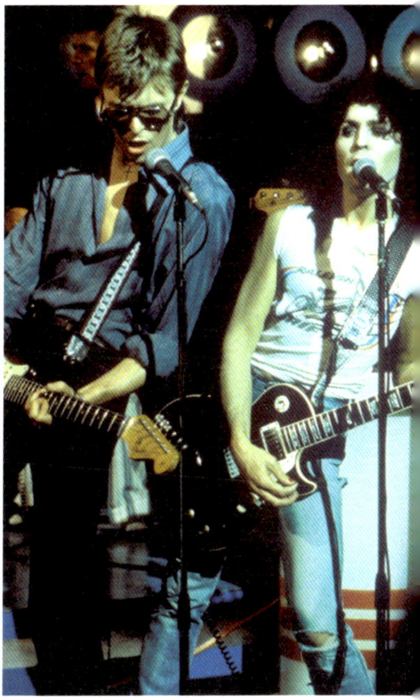

Bowie und Bolans letzter gemeinsamer Auftritt in der TV-Show „Marc" 1977

Im Jahr 1977 versuchte sich Bolan noch mal mit seiner eigenen TV-Musik-Show „Marc" im britischen Kinder- und Jugendprogramm. In der Anfang September aufgezeichneten sechsten Folge begrüßte er seinen alten Kollegen David Bowie als Gast, welcher „"Heroes"" zum Besten gab. Anschließend stürzten sich die beiden gemeinsam in einen Song (bekannt als „Sleeping Next To You" oder „Standing Next To You"). Als Bolan zum Gesang ansetzte, stolperte dieser und fiel von der Bühne, was Bowie zum Lachen brachte. Eine gute Woche später verstarb Marc Bolan am 16. September 1977 in Folge eines Autounfalls. Ohne es je an die große Glocke zu hängen kam Bowie sukzessive sogar für die Kosten der Schulausbildung von Rolan (Bolan) auf.

Soul-Schützenhilfe

Nachdem Bowie mit „Diamond Dogs“ begonnen hatte, dem Glam Rock den Rücken zuzukehren, markierte das neunte Studioalbum „Young Americans“ seine Transformation zum Soulsänger. Während Ex-Beatle John Lennon ihn dabei zusätzlich unterstützte, bewies Bowie in der Wahl eines Backgroundsängers namens Luther Vandross einen visionären R&B-Star-Riecher.

Die Aufnahmesessions begannen im August 1974 in den Sigma Sound Studios, der ersten Adresse am Platz für den berühmten Philadelphia Soul, kurz auch Phillysound genannt. Unter Leitung des puertoricanischen Gitarristen Carlos Alomar, Bowies künftigem Bandleader, wurden neue Begleitmusiker herangeholt. So setzte sich die Rhythmussektion unter anderem aus dem Schlagzeuger Andy Newmark (Sly And The Family Stone) sowie Bassist Willie Weeks (Stevie Wonder, Aretha Franklin) zusammen. Ava Cherry, Alomars Gattin, Robin Clark, sowie ein bis dahin unbeschriebenes musikalisches Blatt namens Luther Vandross bildeten unterdessen Bowies stimmstarke Backgroundgesang-Begleitung. Unterbrochen von der Fortsetzung der laufenden „Diamond Dogs“-Tour, welche sich in ihrer zweiten Hälfte aufgrund von Bowies neuer Soul-Faszination musikalisch und visuell zu wandeln beginnen sollte, wurden die Studiosessions später im re-

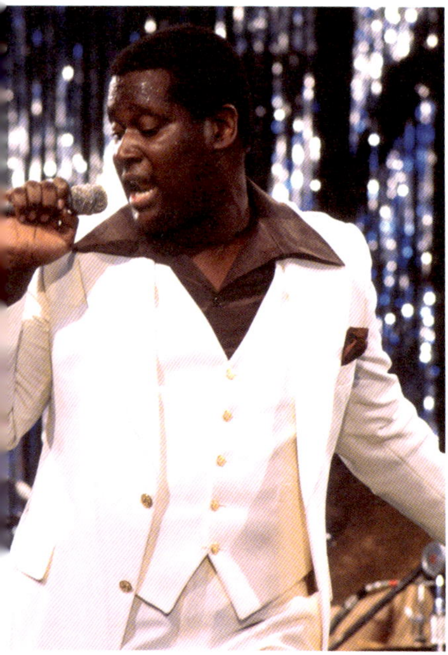

Luther Vandross 1977 im Rampenlicht

nommierten Record Plant in New York City wiederaufgenommen. Unter den Tracks befand sich auch der Song „Fascination", ursprünglich ein Lied, das Vandross mit dem Titel „Funky Music (Is A Part Of Me)" geschrieben und auf der Bühne gesungen hatte. Bowie war von der Nummer jedoch so angetan, dass er Vandross bat, es für sein Album verwenden zu dürfen – allerdings in umgeschriebener Version, da Bowie einen Titel wie „Funky Music" für einen weißen Künstler dann doch als zu vermessen empfand. In Bowies Bearbeitung wurde schließlich „Fascination" daraus, was Vandross nicht davon abhielt, seine ursprüngliche Fassung als Opener auf dem Debüt seiner Band „Luther" (1976) zu platzieren.

Ab den 1980er Jahren lancierte Vandross eine immens erfolgreiche Solokarriere. Hits wie „Never Too Much" oder Duette mit Janet Jackson („The Best Things in Life Are Free"), Mariah Carey („Endless Love") oder Beyoncé („The Closer I Get To You") sollten auf das Konto des 2005 verstorbenen Sängers gehen, der weltweit über 25 Millionen Platten verkaufen würde. Das war damals jedoch noch Zukunftsmusik.

Anfang 1975 schrieben unterdessen Bowie und John Lennon Musikgeschichte, indem die beiden mit Alomar den Song „Fame" komponierten und aufnahmen und darüber hinaus noch das Beatles-Cover „Across The Universe" einspielten. Beide Stücke sollten auf „Young Americans" ihren verdienten Platz finden. Gute acht Monate nach Veröffentlichung des Albums am 7. März 1975 fand sich Bowie am 4. November in einer besonderen Situation wieder. Er trat in der amerikanischen Musiksendung „Soul Train" auf und gab dort „Fame" sowie „Golden Years" zum Besten. Eine Ehre, die außer ihm nur wenigen weißen Künstlern zuvor (darunter Dennis Coffey und Elton John) überhaupt zuteilgeworden war.

Der Strippenzieher

Bowies Aufstieg zum Star war nicht allein seinem Talent geschuldet. So bedurfte es auch eines hinter den Kulissen agierenden und ziemlich gewieften Managers wie Tony Defries, der Bowies Pop-Potential schon früh erkannt hatte.

Am 1. August 1971 unterzeichnete Bowie bei der Musik-Produktionsfirma GEM Music Group, die von Defries und Geschäftspartner Laurence Myers geführt wurde. Nur ein Jahr später gründete Defries die MainMan Group Of Companies, zu deren Klienten nicht nur Bowie, sondern auch die in kurzer Zeit akquirierte All-Star-Riege aus u.a. Iggy Pop, Mott The Hoople oder Lou Reed zählen sollte. Als großer Bewunderer des berüchtigten Elvis-Managers Thomas „Colonel Tom" Parker war Defries auf geschäftlicher und strategischer Seite das perfekte Pendant zu Elvis-Fan Bowie. Dabei setzte Defries von Anfang an gerne alles auf eine Karte. Bowie hatte „Hunky Dory" autark und ohne Plattenfirma im Rücken eingespielt. Defries war daraufhin mit den Bändern in die USA gereist und klapperte die ansässigen New Yorker Labels ab. Ausgerechnet RCA, Plattenfirmenheimat von Elvis Presley, biss an und nahm Bowie unter Vertrag. Zuvor hatte Defries jedoch in den Verhandlungen noch dafür gesorgt, dass Bowie und er alle bisherigen und künftigen Aufnahme- und Musikverlagsrechte am Werk des Künstlers jeweils zu gleichen Teilen

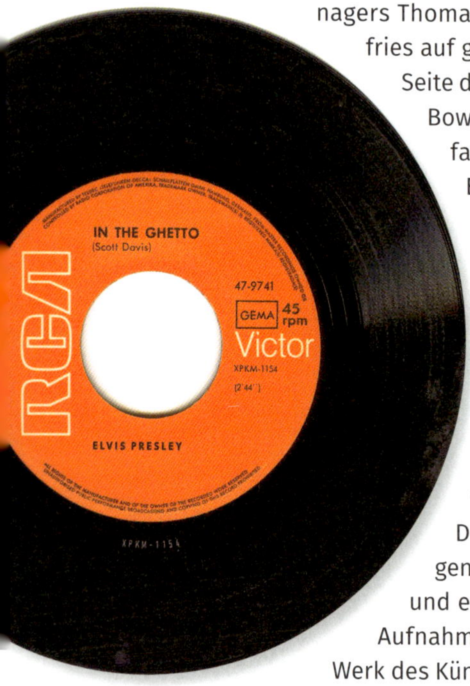

innehaben würden. Eine weitere wichtige Strategie Defries‘ war es, dass Bowie sich schon zu ihren geschäftlichen Anfängen rar machen und gewichtig auftreten sollte. Auch wenn er noch kein (Super-)Star war, sollte er sich gerieren, als wäre er bereits einer. Ein Plan, der aufging: So hatte Bowie noch vor seinem tatsächlichen Höhenflug in der Gunst des Publikums eine geheimnisvolle Aura der Exklusivität um sich erschaffen. Das anfangs enge Verhältnis von Bowie und Defries begann nach Bowies Durchbruch und unter dessen stetig steigendem Kokainkonsum schließlich zu leiden. Auf der anderen Seite waren Defries‘ fehlende Zahlungsmoral gegenüber der MainMan-Belegschaft und allerhand andere halbseidene Aktivitäten des Managers auch Gründe für die Zäsur. 1975 gab Defries seinen Managerposten auf, hatte aber bezüglich etlicher Aspekte der Karriere des Künstlers noch weiterhin seine Finger im Spiel. Erst mit dem finanziellen Mitteln der „Bowie Bonds“ im Jahre 1997 konnte Bowie seinen inzwischen zum Businesspartner wider Willen gewordenen, einstigen Verbündeten vollständig auszahlen.

Wer ist hier der Boss?

Nicht allein in Sachen Garderobe und Habitus dürften David Bowie und Bruce Springsteen als zwei Sängertypen der gleichen Generation gelten, die unterschiedlicher nicht hätten sein können. Dabei hegte der distinguierte Brite Bowie für die Kunst des hemdsärmeligen Amerikaners, den sie „Boss“ nennen, bereits früh eine tiefe Bewunderung.

Bowie hatte Springsteen im Februar 1973 zum ersten Mal auf der Bühne bei einem von dessen Auftritten im New Yorker Club „Max‘s Kansas City“ erlebt und war vor allem von dessen Darbietung mit Band schwer beeindruckt. Springsteens im Januar 1973 veröffentlichtes Debütalbum „Greetings From Asbury Park, N.J.“ avancierte schnell zu einer von Bowies favorisierten Platten. Die Faszination ging sogar so weit, dass Bowie sich an zwei Coversongs aus jenem Album machen würde: Noch im selben Jahr spielte er eine Version von „Growin‘ Up“ mit dem damaligen The-Faces- und späteren Rolling-Stones-Mann Ron Wood an der Leadgitarre ein, die jedoch bis zu ihrer Veröffentlichung auf der 1990er Neuauflage von Bowies Coveralbum „Pinups“ im Schrank verbleiben sollte. Ein ähnliches Schicksal war Bowies Interpretation von Springsteens „It‘s Hard To Be A Saint In The City“ beschieden. Auch diese 1974 im Zuge der „Young Americans“-Sessions entstandene Version blieb bis zu ihrer späten Veröffentlichung im Rahmen des Bowie-Box-Sets „Sound + Vision“ (1989) unter Verschluss. Bowie und Springsteen hatten sich Ende 1974 bei dessen Besuch in den Sigma Sound Studios in Philadelphia tatsächlich auch kurz persönlich kennengelernt. Ob Springsteen Bowies Fassung von „It‘s Hard To Be A Saint In The City“ dabei zu Gehör bekommen hatte oder nicht, wird widersprüchlich kolportiert. Fakt ist, dass der Boss am 16. Januar 2016, nur knapp eine Woche nach Bowies Tod, dem verstorbenen Musikerkollegen bei einem Konzert in Pittsburgh mit seiner Cover-Premiere von „Rebel Rebel“ gedachte.

Der verlorene Soundtrack

Neben der Arbeit am Album „Station To Station“ und seiner ersten großen Filmrolle im Science-Fiction-Streifen „The Man Who Fell To Earth“ (dt: „Der Mann, der vom Himmel fiel“) war Bowie im Herbst 1975 noch mit einem weiteren Projekt beschäftigt: der Komposition des begleitenden Filmsoundtracks.

Zusammen mit Paul Buckmaster, dem Cellisten und Arrangeur, der bereits neben Wakemans Mellotron-Streichern die kleinen Orchesterparts auf „Space Oddity“ arrangiert hatte, hatte Bowie sich in seinem damaligen Domizil in Bel Air an die Demos für die Filmmusik gemacht. Begeistert von Kraftwerk nahmen die beiden eine Handvoll Soundskizzen auf, die Regisseur Nicolas Roeg jedoch ablehnte. Stattdessen beauftragte dieser den Musiker und Komponisten John Phillips, Mitbegründer der Gruppe The Mamas And The Papas, mit der Anfertigung passenderer Begleitmusik. Phillips' zuweilen spontane Schöpfungen bildeten die breite Palette uramerikanischer Stile wie Folk, Jazz, Bluegrass und Rock ab und stellten somit einen erdigen Gegenentwurf zu den vermutlich abgehoben-futuristischen Klangvisionen Bowies dar. Entgegen der Behauptung eines Werbeaufklebers, der zum Filmstart auf der Neuedition der Romanvorlage prangte, war auch Phillips' darauf angepriesenes RCA-Soundtrack-Album nie im Handel erhältlich. Erst zum 40. Geburtstag von „The Man Who Fell To Earth“ wurde die Platte mit der Filmmusik schließlich 2016 veröffentlicht. Bowie allerdings würde für sein nächstes Album, „Low“, eine Bassspur aus seiner Soundtrack-Session für das Instrumental „Subterraneans“ neu verarbeiten. Der Legende nach schickte Bowie Roeg später eine Pressung von „Low“ mit dem Hinweis, dass dies die Art Musik sei, die ihm für den Soundtrack vorgeschwebt hätte. Buckmaster behauptete bis zu seinem Tod 2017, dass die originären Aufnahmen seiner Score-Skizzen-Arbeit mit Bowie noch irgendwo in seinem Archiv schlummern würden.

Der falsche Stoff

Am 10. April 1976 stellte Bowie auf seiner „Isolar"-Tour sein Album „Station To Station" in der Deutschlandhalle auch dem Berliner Publikum live vor. Unter den Zuschauern befand sich die damals 13-jährige Christiane F., die im Anschluss an den Konzertabend zum ersten Mal Heroin probieren sollte. Wer aufgrund dieser berühmten Begebenheit auch Bowie mit Diamorphin in Verbindung bringt, liegt falsch. Im Gegensatz zu Kumpel Iggy Pop war der Sänger selbst nie heroinabhängig oder Advokat des tödlichsten aller Rauschmittel.

„Ich habe mich nie mit LSD anfreunden können. Ich habe es drei oder vier Mal genommen und es war farbenfroh, aber meine eigene Vorstellungskraft war immer schon lebhafter. Gras hat mich überhaupt nicht interessiert. Hasch für eine Zeitlang, aber niemals Gras", gestand Bowie schon 1976 in einem Interview dem „Rolling Stone"-Reporter Cameron Crowe. „Ich denke, dass Drogen die letzten zehn Jahre ein Teil meines Lebens waren, aber niemals die harten Sachen. Ich hatte einen kurzen Flirt mit Heroin und diesen Sachen, aber das war nur wegen des Geheimnisvollen und Rätselhaften. Ich mag schnelle Drogen. Ich hasse alles, was mich verlangsamt." Mitte der 1970er Jahre hatte Bowies Kokainkonsum seinen absoluten Höhepunkt erreicht. Schon auf der „Diamond Dogs"-Tournee wog der Sänger nur noch unter 100 Pfund. Seine Diät: Milch, Paprika, Zigaretten und Koks. Waren die Plattenaufnahmen zu „Young Americans" schon stark von Bowies Sucht und dem damit einhergehenden, sich stetig verschlechterndem geistigen und körperlichen Gesundheitszustand bestimmt, konnte sich Bowie an die Arbeiten zu „Station To Station" später nicht mal mehr erinnern. Was der künstlerischen Bedeutung seines zehnten Studioalbums erstaunlicherweise keinen Abbruch tat. Musikalisch verschmolz er hierauf die auf „Young Americans" bereits probierten Einflüsse aus dem Funk- und Soul-Bereich mit der kühlen Klangästhetik des Krautrock. Inhaltlich bestimmen Nietzsche, Okkultismus, Mythologie und Glaubensfragen das zuweilen kryptische lyrische Geschehen. In Los Angeles 1975 aufgenommen und von Bowie mit Harry Maslin, der mit ihm bereits als Tontechniker an den Lennon-Song-Sessions von „Young Americans“ gearbeitet hatte, produziert, ist die Platte trotz aller Avantgarde-Ambitionen und inhaltlicher Schwere keineswegs sperrig, sondern überraschend eingängig. Während Carlos Alomars – und noch stärker – Earl Slicks Gitarrenarbeit spannende bis kantige Klangexperimente aufwiesen, war Roy Bittans (Keyboarder von Bruce Springsteens E Street Band) kaskadierendes Piano- und Orgelspiel anmutig fließend. Der Opener und Titeltrack, mit über zehn Minuten Spielzeit Bowies bis dato längstes Stück, führte indes bereits in der ersten Textzeile Bowies neue Persona ein: „The return of the Thin White Duke/throwing darts in lover‘s eyes“ hieß es dort. Besagter Thin White Duke war Bowies neues aristokratisches Abziehbild: Gitanes rauchend, die Haare streng zurückgestrichen und in weißes Hemd, schwarze Anzughose und Weste kleidet. Sogar das Thema Kokain wurde von Bowie im Titeltrack des Albums mit den Zeilen „It‘s not the side-effects of the cocaine/I‘m thinking that it must be love“ ganz unverblümt und direkt angesprochen – wenn allerdings auch relativierend.

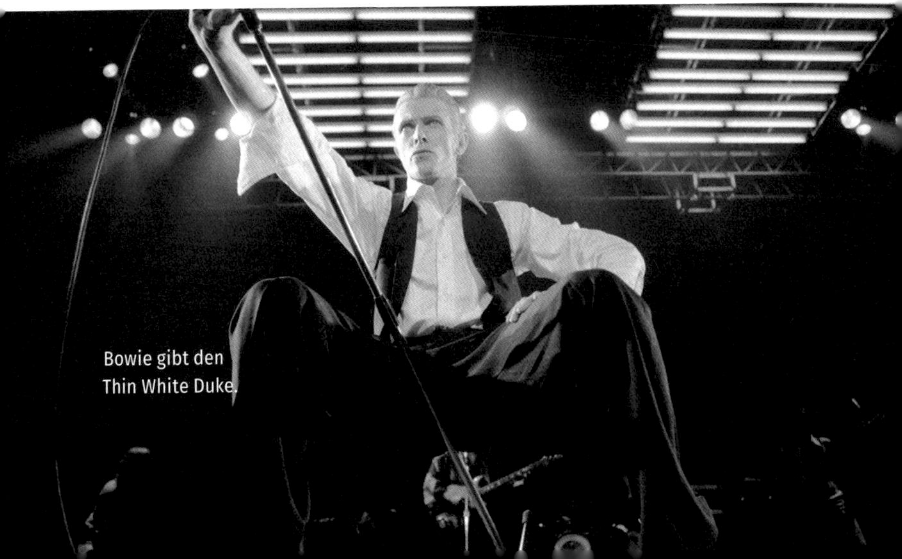

Bowie gibt den Thin White Duke.

Eine falsche Hand(-bewegung)

Während der Tournee zu „Station To Station" ereignete sich ein Skandal, der Bowie damals nachhaltig stigmatisieren sollte. Der sogenannte „Victoria-Station-Vorfall" rückte Bowie, in Kombination mit ein paar älteren und durchaus fragwürdigen Aussagen des Sängers, in das denkbar schlechte Licht, ein Faschismus-Befürworter und Nazi-Sympathisant zu sein.

War die ganze Schwarz-Weiß-Ästhetik und Bühnenlichtgestaltung der „Isolar"-Tournee vom visuellen Expressionismus der Weimarer Republik und Regisseuren wie Fritz Lang geprägt, war Bowies damalige Faszination für jene Zeit sowie die historisch in Deutschland nachfolgende nicht zu verleugnen. Kokskumpan Glenn Hughes (Deep Purple) bestätigte später, dass sich Bowie damals unentwegt Filme und Dokumentationen über das „Dritte Reich" anschaute, was eventuell auch erklärt, warum er (unter andauerndem Drogeneinfluss) in Interviews jener Zeit gern über Faschismus schwadronierte oder die Worte Adolf Hitler und Rockstar in gleichem Atemzug verwendete. Bei seiner 1976er Tourneerückkehr nach England kam Bowie jedenfalls mit dem Zug in der Londoner Victoria Station an und wurde dort von einer Horde von schreiender Fans sowie einem Chauffeur in einem Mercedes-Cabrio in Empfang genommen. Der Fotograf Chalkie Davies dokumentierte das Ereignis mit Blitzlicht und Kamera. Das Bildmaterial bot er dem Musikmagazin „New Musical Express" an, das es kaufte und anscheinend nachbearbeitete: Die durch das Blitzlicht unkenntlich gemachte Hand von Bowies linken Arm wurde nachträglich aufgemalt. Was in der Zeitung dann tatsächlich so aussah, als würde Bowie die Hand zum Hitlergruß heben. So zumindest Davies' Perspektive. Eine andere Annahme besagt, dass bei einer schellen Fotoschussfrequenz der Grußarmbewegung zwangsläufig eben auch ein Bild dabei sein müsse, bei dem der Arm eben den 45-Gradwinkel erreichte. „Die Presse hat das schnell aufgegriffen und mit ein paar Zitaten zusammengebracht, die er in Europa über Faschismus von sich gegeben hatte, und – siehe da! – war David als Nazi verleumdet", erinnert sich Bildlieferant Davies in seinem Blog 2016. „Ich befürchtete, das würde unserer Beziehung schaden, aber er schüttelte es ab und sagte, dass es nicht mein Fehler gewesen war, sondern ich ihn einfach in einem falschen Moment erwischt hätte. Natürlich glaubte ihm keiner und so wurde der Victoria-Station-Vorfall Teil des Bowie-Mythos."

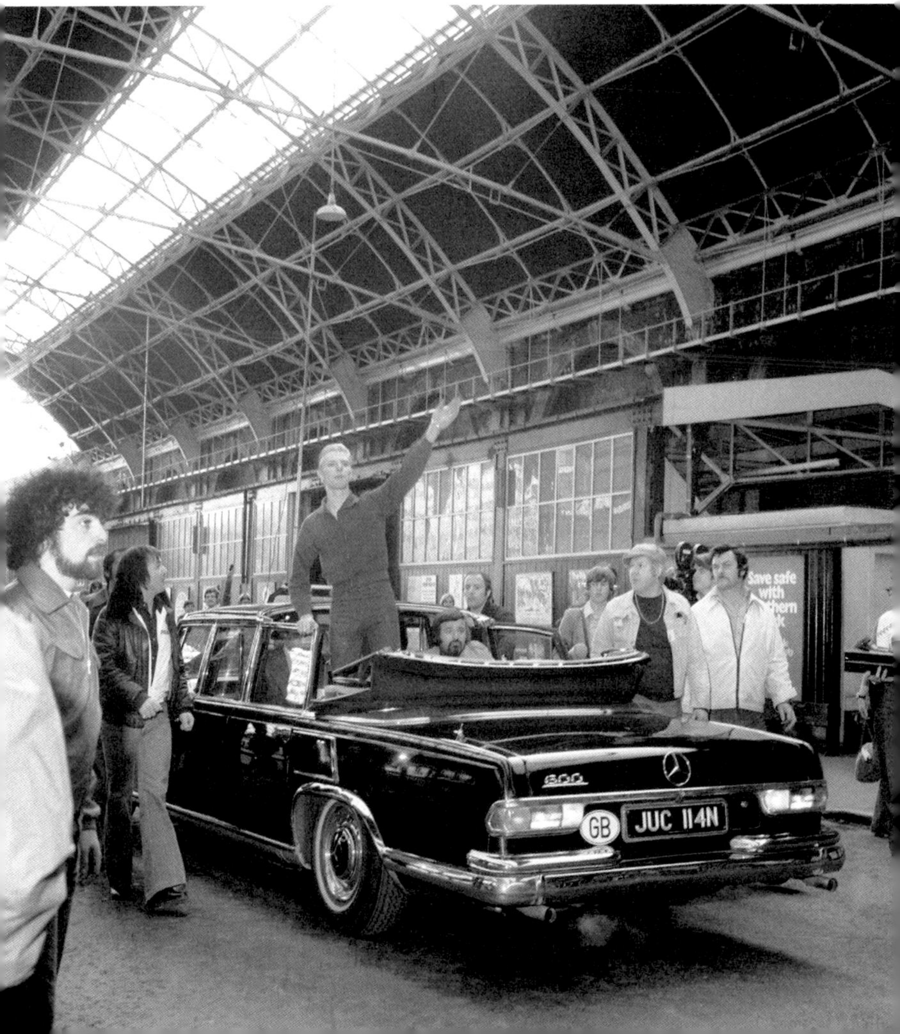

Pop-Geschichte

Bei einem seiner New-York-Besuche Anfang der 1970er hatte Bowie Iggy Pop kennengelernt und sich mit dem Sänger angefreundet. 1976 sah die beiden dem Drogensumpf zu entfliehen versuchenden Los-Angeles-Exilanten gemeinsam nach Europa ziehen. Der Beginn einer für Pops Solokarriere sowie Gesundheit wichtigen Phase – und der Ursprung zweier Albumklassiker.

Bereits 1973 hatten Bowie und Pop musikalisch zusammengearbeitet. Wenn auch nur entfernt, denn Bowie hatte einen Mix für das dritte Stooges-Album, „Raw Power", angefertigt. Nach Auflösung der Stooges stürzte Pop sich so beherzt in seine Heroinsucht, wie er es sonst nur mit nacktem Oberkörper von der Konzertbühne tat. Nach erfolglosen Entzugsversuchen nahm Bowie ihn unter seine Fittiche und mit auf seine „Isolar"-Tournee. Nach deren Ende machten sich die beiden nach Europa auf, wo sie zunächst im französischen Studio Château d'Hérouville und später im Münchener Musicland-Studio sowie den Hansa-Tonstudios zu Berlin an Pops erstem Soloalbum „The Idiot" arbeiteten. Bowie und Pop co-komponierten, wobei Bowie nicht nur die Nummer „China Girl" später recyceln würde. Auch das Album-Artwork – die von Pop darauf eingenommene Pose war von der 1917er Temperamalerei „Roquairol" des deutschen Expressionisten Erich Heckel inspiriert – würde Bowie zu einem seiner späteren Plattenmotive führen: So basierte das Artwork von „"Heroes"" auf einer ebenfalls „Roquairol" betitelten, monochromen Holzschnittvorlage Heckels. Nachdem „The Idiot" am 18. März 1977 veröffentlicht worden war und Bowie wiederum Iggy auf dessen anschließender Tour als Keyboarder begleitet hatte, machte sich das frischgebackene Berlin-Team in den Hansa-Tonstudios an den rockigeren Nachfolger „Lust For Life". Im August desselben Jahres erschienen, fand sich darauf auch die Bowie/Pop-Kollaboration „Tonight", ein Song, den Bowie 1984 für sein Album gleichen Titels dann mit Tina Turner als Duett zum Besten geben würde.

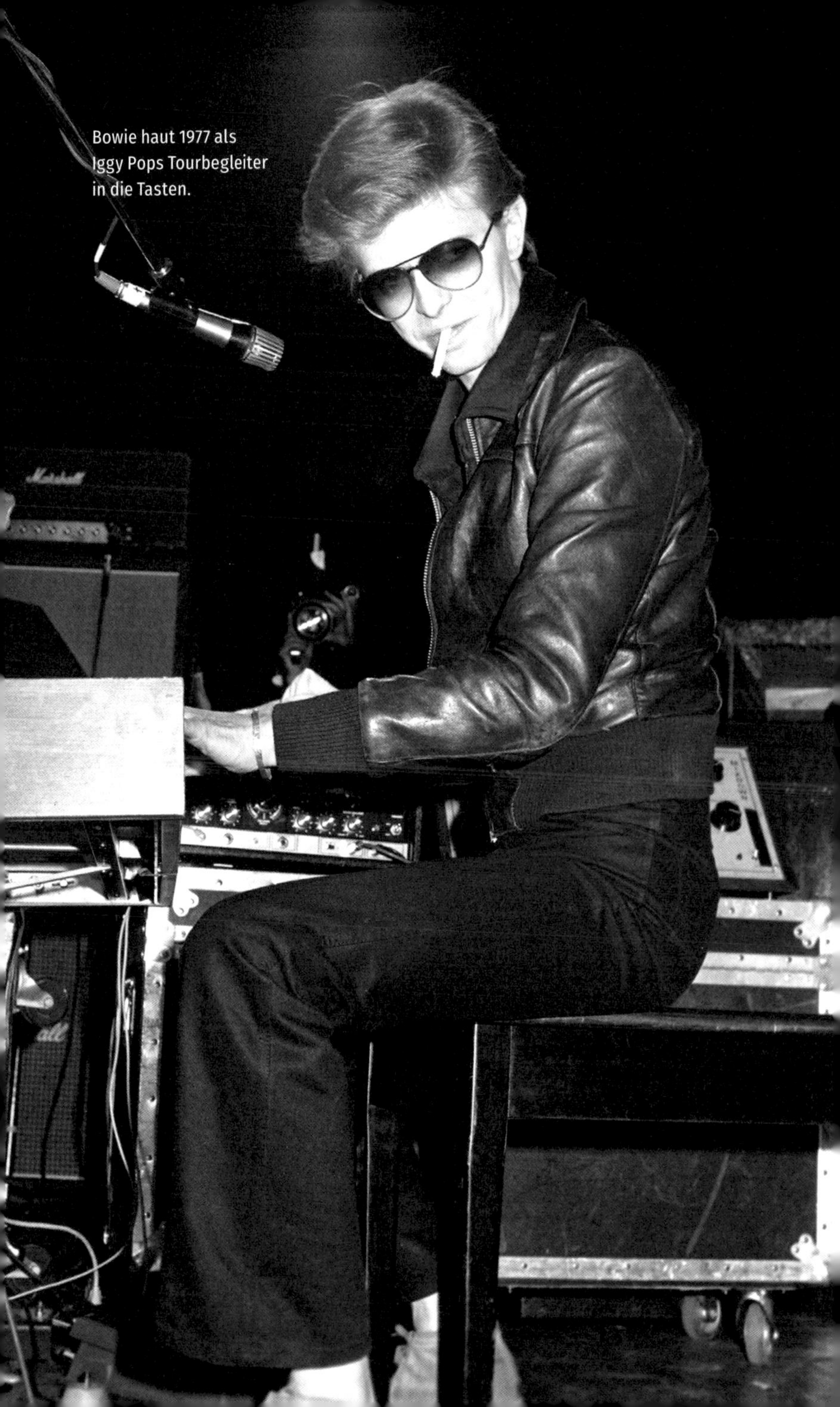

Bowie haut 1977 als
Iggy Pops Tourbegleiter
in die Tasten.

Der Zeiger

Dass Bowie in dem Song „Ziggy Stardust" über sein Alien-Alter-Ego die Worte „Well-hung and snow-white tan“ singt und damit nicht nur auf einen noblen Schneewittchenteint, sondern auch darauf anspielt, dass dieser untenrum recht gut bestückt ist, ist gleich zweifach selbstreferentiell.

Während Bowies noble britische Blässe bildlich belegbar ist, wurden auch immer wieder Frauenstimmen laut, die dem Sänger ein großes Gemächt beschieden. Darunter auch Blondie-Sängerin Debbie Harry – wenn auch nicht im direkten sexuellen Akt-Kontext, sondern eher in einem eher seltsamen. So erinnert sich Harry, mit ihrer Band 1977 einst im Vorprogramm von Iggy Pops „The Idiot“-Tour mit David und Iggy unterwegs, an eine eigentümliche Backstagebegebenheit: Nachdem Bowies und Pops New Yorker Koks-Connection wohl versiegt war, sprang Frau Harry hilfsbereit in die Bresche und offerierte den Herren ein ihr von einem Freund zugestecktes Gramm der Aufputschdroge. Dies zogen die beiden Schwerenöter in einem Rutsch weg. Anschließend präsentierte ihr Bowie seinen Penis, schreibt Harry in ihrem Ende 2019 veröffentlichten Buch „Face it: Die Autobiografie“. Nicht ohne den nötigen Humor, wie ihr Nachsatz „als wäre ich eine offizielle Schwanz-Begutachterin oder ähnliches“ demonstriert. Dabei bestätigte die Sängerin allerdings auch, dass „Davids Größe, natürlich, berüchtigt war und er es liebte, ihn für Männer und Frauen gleichermaßen herauszuholen.“ Fast noch verwunderlicher als das exhibitionistische Szenario an sich empfand Harry im selben Atemzug, dass Iggy sich einer Penispräsentation enthielt.

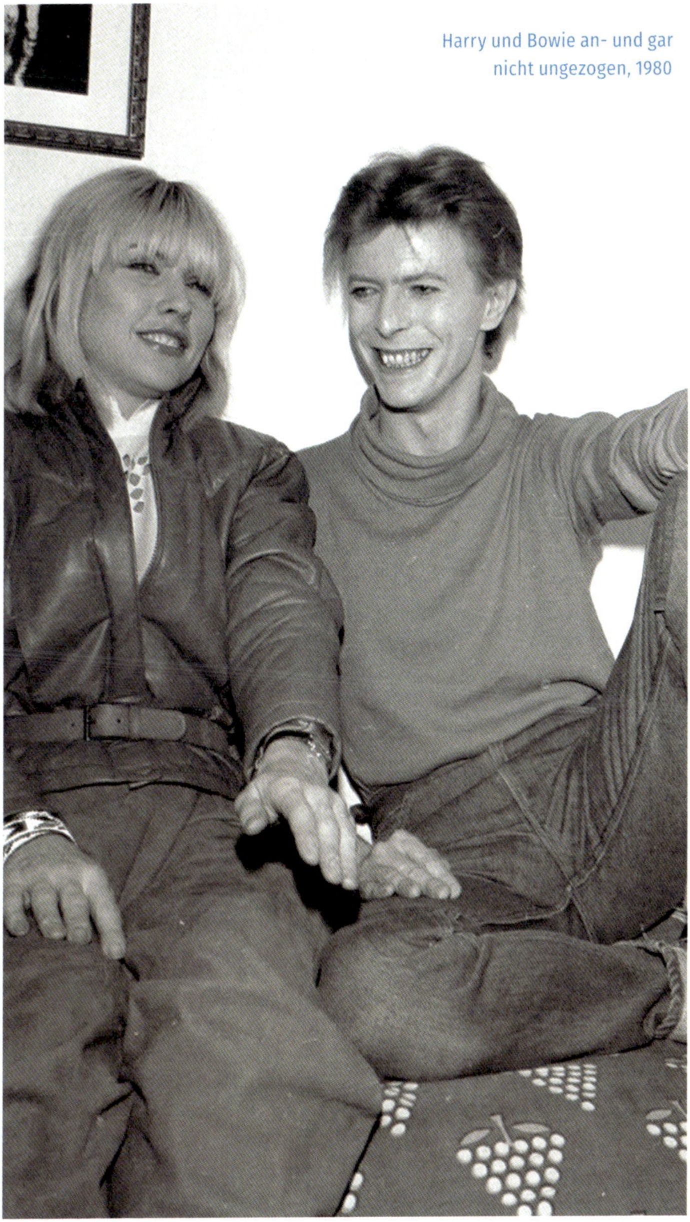

Harry und Bowie an- und gar nicht ungezogen, 1980

Internationaler als man denkt

Bowies Faszination für die elektronische Experimentalmusik, die Anfang der 1970er in Westdeutschland aufkam und später unter dem Genre-Begriff Krautrock weltbekannt wurde, begann noch während seiner Zeit in Los Angeles. Nur konsequent also, dass es den Sänger auf seiner abermaligen Suche nach einem neuen Sound früher oder später für längere Zeit auch nach Deutschland verschlagen würde.

Dass die zwischen 1976 und 1979 in enger Zusammenarbeit mit Brian Eno entstandenen Alben „Low", „"Heroes"" und „Lodger" eine explizite deutsche Prägung erfahren haben, steht außer Frage. Allerdings ist die gemeinhin als „Berlin Trilogie" bezeichnete Dreierreihe aus geografischer Perspektive gesehen nicht korrekt. Während „Low" zu großen Teilen im Schloss-Studio Château d'Hérouville in Frankreich entstanden war (und in Berlin lediglich vollendet wurde), entstand „Lodger" im Schweizer Mountain-Studio in Montreux sowie im New Yorker Record-Plant-Studio. Damit ist „"Heroes"" das einzige Werk, welches tatsächlich ausschließlich im Berliner Hansa Tonstudio 2 und damit im westlichen Segment der geteilten Stadt aufgenommen wurde. Auf den Spuren des Krautrock-Sounds von Bands wie Neu! oder Kraftwerk hätte es Bowie genauso – oder vielleicht sogar besser noch – nach Nordrhein-Westfalen verschlagen können. Schließlich stammten beide Bands aus Düsseldorf und hatte auch Krautrock-Produzenten-Mogul Conny Plank sein Bauernhof-Studio im knapp 50 Kilometer von Köln entfernten Wolperath errichtet. Der Legende nach besuchte Bowie Plank dort sogar 1976 und bot ihm eine Zusammenarbeit an, die jener jedoch ablehnte. Stattdessen schuf Bowie in Berlin, Basis der von ihm ebenfalls bewunderten Elektro-Musik-Pioniere Tangerine Dream, ein von teutonischer Tonkunst inspiriertes Album-Triptychon, welches man vielleicht besser als die Bowie/Eno-Trilogie bezeichnen könnte.

Mauermoment

Nach den von Berlin inspirierten „Low"-Songs „Art Decade", „Weeping Wall" und „Subterraneans" war Bowie auf dem Nachfolger „"Heroes"" bereits vollständig in der heutigen Hauptstadt angekommen. Mit fast dem gleichen kreativen Team (zusätzliche Unterstützung erfuhr man von King-Crimson-Gitarrist und -Komponist Robert Fripp) spielte Bowie in West-Berlin sein zwölftes Studioalbum ein. Darauf schuf er sich mit dem Titelsong nicht nur ein (deutschsprachiges) Denkmal, sondern gab dem Hörer auch eine Reihe von Rätseln auf ...

Das nahe bei der Berliner Mauer gelegene Hansa Tonstudio 2 in der Köthener Str. 38 im damaligen Stadtteil Kreuzberg bot jedenfalls die perfekte Klangkulisse für ein Album, das großflächiger als „Low" werden sollte. Mit einem Studioraum, der in den 1930er Jahren als Kammermusikkonzertsaal diente (damals wie heute „Meistersaal" genannt) und von dessen Kontrollraumfenster man direkt die Mauer mitsamt ihres Militärpersonals sehen konnte, lagen Berliner Geschichte und Gegenwart zugleich in der Luft. Das beflügelte den Arbeitsprozess, denn bis auf einen Song („Sons Of The Silent Age") entstand das Gros der Lieder spontan im Studio. So auch der Text zum Spätzünderhit „"Heroes"" (zur Veröffentlichung erzielte die Single lediglich Platz 24 im UK), wobei die Anführungsstriche ironische Distanz zum Begriff Heldentum suggerieren sollten. Laut Tony Visconti hatte dieser zu jener Zeit ein Auge auf die deutsche Sängerin Antonia Maass geworfen, die mit der Jazzband Messengers ebenfalls im Hansa Studio aufnahm. Während einer Pause seien die beiden draußen herumspaziert, behauptet der damals verheiratete Visconti, und an der Mauer sei es zu einem Kuss gekommen. Ein Kuss, den Bowie aus der Ferne durch das Studiofenster beobachtet und der ihn zu den Zeilen „Standing by the wall/And the guns shot above our heads/And we kissed as though nothing could fall" inspiriert haben soll. Maass streitet dies, auch aufgrund von Viscontis damaligem Familienstand, ab. Ihre Beteiligung als Backgroundsängerin auf dem Album und an der deutschen Fassung, „"Helden"" allerdings nicht. Für ihre dezent krude Übersetzung des Liedtextes in die deutsche Sprache (der Maass eine Co-Autorschaft-Nennung einbringt) zeichnet sie ebenso verantwortlich wie für anschließende phonetische Deutschübungen mit Bowie. Andere Songs des am 14. Oktober 1977 veröffentlichten Albums „"Heroes"" boten ebenfalls Raum für Spekulationen. So ist man sich heute sicher, dass das Instrumental „V-2 Schneider" eine Hommage an den Kraftwerk-Musiker Florian Schneider darstellte. Ob der erste Teil des Titels aber tatsächlich auf die in der NS-Zeit entworfene Großrakete anspielt, bleibt ungewiss. Dass Bowie bei dem Instrumental „Neuköln" das zweite „l" des Berliner Stadtbezirks schlichtweg vergessen hatte und dahinter keine geheime Botschaft steht, gilt hingegen als gesichert.

Ein Bowie-Bild erinnert noch heute an seine Hansa-Studio-Zeit.

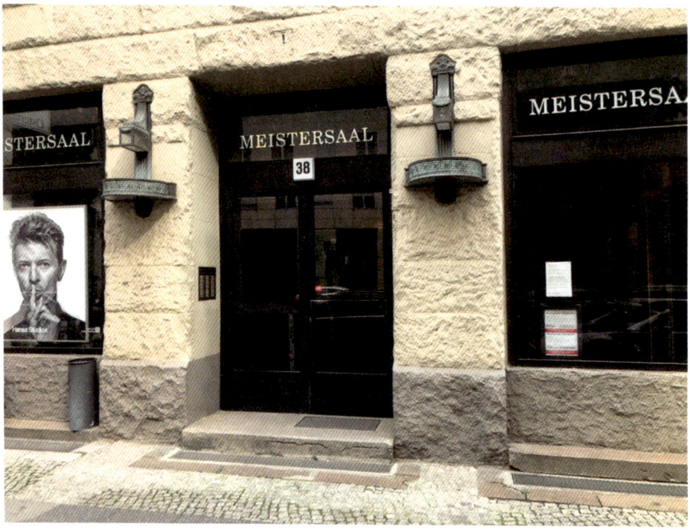

Mehrsprachig

Spätestens durch den Film „Christiane F. – Wir Kinder vom Bahnhof Zoo“ (1981) erlangte Bowies Lied „“Helden““ als deutschsprachige Fassung von „“Heroes““ zumindest hierzulande große Popularität.

Dabei ist dies nicht das erste oder einzige Stück, für das Bowie sich in anderen Zungen geübt hatte: Schon 1969 hatte Bowie partiell deutschsprachige Versionen von „Love You Till Tuesday“ („Lieb´ Dich Bis Dienstag“) und „When I Live My Dream“ („Mit mir in deinem Traum“) aufgenommen. Mit „Ragazzo solo, ragazza sola“ sang Bowie dann, ebenfalls 1969, zu den Klängen von „Space Oddity“ erstmals auf Italienisch. Die deutsche Version von „“Heroes““ sowie auch eine zeitgleich produzierte französische („“Héros““) entstanden unterdessen im Zuge des Albums „“Heroes““. „Volare (Nel Blu Dipinto Di Blu)“, Bowies im Film „Absolute Beginners“ (1986) präsentierte Adaption einer italienischen Komposition von 1958 ausgeklammert, waren zehn Jahre nach „“Heroes““ erneut zwei Fremdsprachenbearbeitungen fällig: „Day-In Day-Out“ aus dem 1987er Album „Never Let Me Down“ bekam mit „Al Alba“ eine spanische Fassung spendiert, während die B-Seite der „Time Will Crawl“-Maxi-Fassung mit dem Song „Girls“ auf japanisch aufwartete.. Auch mit Tin Machine nahm Bowie fremdsprachig auf. Deren 1991er Single zu „You Belong in Rock‘n‘ Roll“ hat zur B-Seite „Amlapura“, adäquat in indonesischer Sprache dargeboten. Auf der indonesischen Ausgabe des Albums „Black Tie White Noise“ indes bemühte Bowie mit „Jangan Susahkan Hatiku“ („Don‘t Let Me Down & Down“) für die erste Songhälfte die Landessprache. Die vom Album „Earthling“ (1997) in Mandarin übertragene Version von „Seven Years In Tibet“ war indes ein besonderes Novum: Der als „A Fleeting Moment“ übersetzte Titel erreichte in Hong Kong die Spitze der lokalen Charts. Das war bis dato noch keinem nicht-asiatischen Künstler gelungen.

Bowies erste Berliner Bleibe

Bowies Liebesaffäre mit West-Berlin begann 1976 und sollte für knapp zwei Jahre andauern. Begeistert von „Cabaret" und der Kunst der Weimarer Zeit verschlug es Bowie und Kumpel Iggy Pop in die geteilte Stadt. Dort erfreuten sie sich an Berlins billigen Kneipen und Travestie-Revuen, aber auch an seiner aufkommenden Underground-Szene sowie dem eine große expressionistische Sammlung beherbergende Brücke-Museum.

„Iggy und ich hatten beide das Gefühl, dass es Zeit wäre, clean zu werden. Clever wie wir waren, zogen wir deshalb direkt aus Los Angeles in die Heroin-Hauptstadt Europas: Berlin." So hatte Bowie einst süffisant die damalige Ausstiegstrategie der beiden rückblickend beschrieben. Tatsache war jedoch, dass es in den Berliner Jahren sowohl Bowie gelang, seinen exzessiven Kokskonsum einzudämmen als auch Pop, seine Heroinsucht loszuwerden. Dass sich die beiden unbehelligt auf den Straßen Berlins herumtreiben konnten und sie kaum einer als Rockstars erkannte, half vermutlich dabei. Nicht von ungefähr deutet das Cover-Artwork von „Low" (ein Profil-Standfoto von Bowie aus „The Man Who Fell To Earth") zusammen mit dem Albumtitel bereits den Status an, den man anstrebte: „low profile". Kein großes Aufsehen erregen und unter dem Radar fliegen, lautete die Devise. Bowie begann nun in einem Berufsbekleidungsgeschäft Klamotten wie Karohemden und Arbeiterhosen zu kaufen und ließ sich zeitweilig sogar einen Oberlippenbart stehen. Mit Iggy aß er in günstigen türkischen Gaststätten und fing plötzlich damit an, ziemlich viel deutsches Bier in sich hineinzuschütten (kolportiert wird wahlweise König Pilsener oder die beiden lokalen Bierspezialitäten-Marken: Berliner Kindl und Schultheiss). Dass Bowie und Pop im Bezirk Schöneberg, in der Hauptstraße Nummer 155, ihr Hauptquartier aufschlugen, ist heute hinlänglich bekannt. Dabei war diese Adresse nicht Bowies erster privater Berliner Unterschlupf. Neben einem von ihm gern frequentieren Grunewalder Hotel namens „Schlosshotel Gerhus“ in der Brahmsstraße 10, kam der Sänger zuvor für ein paar Wochen bei Tangerine-Dream-Gründer und -Keyboarder Edgar Froese und dessen Frau im Bayrischen Viertel in der Schwäbischen Straße 7 in Schöneberg unter. Dort hatten die Froeses Bowie ein Gästezimmer eingerichtet, bis dessen nicht weit entfernte eigene Berliner Bude bezugsfertig war.

Die wohl berühmteste, aber nicht die erste Unterkunft Bowies in Berlin: An der Hauptstraße 155 erinnern heute ein Kunstwerk und eine Gedenktafel an ihn.

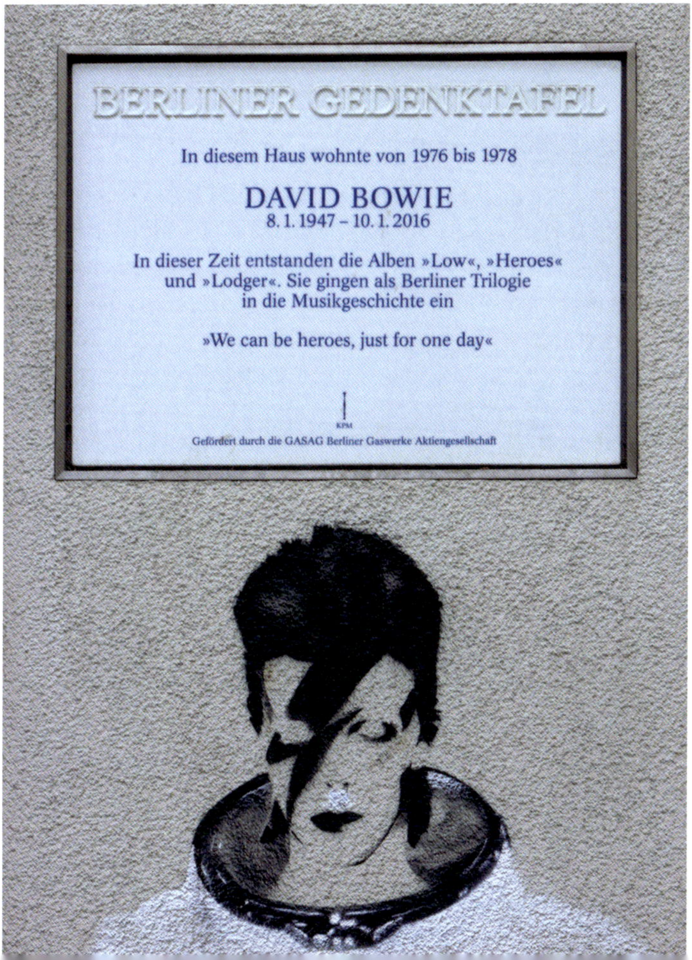

Bowies Berlin

Wie das sich ständig im Umbau befindliche Berliner Stadtbild bereits erahnen lässt, gestaltet sich eine Spurensuche nach Bowies Lieblingsorten und -lokalitäten heute nicht immer so ergiebig, wie man es sich vielleicht wünscht. 45 Jahre nach dessen Berlinaufenthalt existieren etliche Örtlichkeiten nur noch in ihren Grundfesten. Andere wiederum sind in (fast) unveränderter Form erhalten oder verweisen zumindest noch auf ihre (Bowie-)Geschichte.

Funktionsmodebewusstsein

Im Kreuzberger Fachgeschäft für Arbeitsschutz- und Berufsbekleidung, „JG John Glet Arbeitsschutz“, am Mehringdamm 27, kaufte Bowie Teile seines neuen, völlig unglamourösen wie unauffälligen Berlin-Outfits aus Sicherheitsschuhwerk, Blaumännern oder Bomberjacken.

Davids & Iggys Domizil

In der Hauptstraße 155 machten es sich David Bowie und Iggy Pop gemütlich. Heute zieren ein Wandbildnis von „Aladdin Sane“ im Weltraumanzug, Blumengedenkgedecke und eine offizielle Gedenktafel den immer noch schlichten Eingangsbereich zwischen aktuellen Nachbarn wie einem Tattoostudio und einer Osteopathiepraxis. Das Café „Anderes Ufer“, eines der frühesten reinen Lesben- und Schwulencafés in Deutschland (heute „Neues Ufer“) lag nur wenige Schritte die Straße hinunter in Richtung Kleistpark entfernt und wurde zu einer Stammlokalität Bowies.

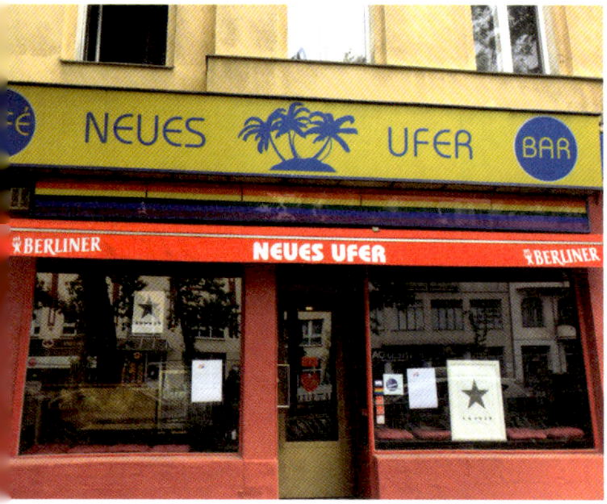

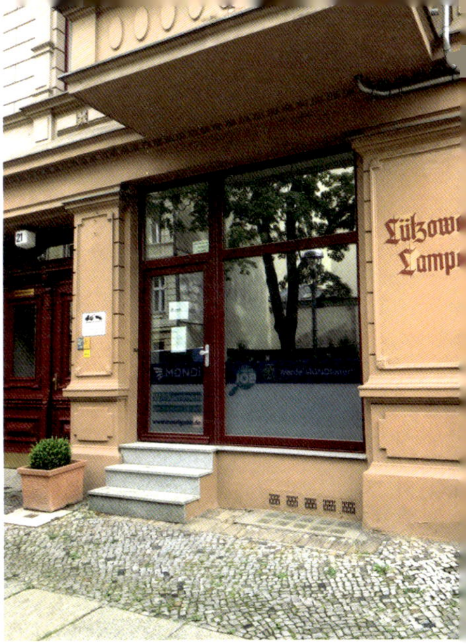

Nigthclubbing

Bowie besuchte gerne die von 1978 bis Mai 1993 geöffnete Szene-Diskothek „Dschungel" in der Nürnberger Straße 53, die mancher Zeitzeuge gern als das eine Hausnummer kleinere Berliner Äquivalent zum New Yorker „Studio 54" beschrieb. Auch das Nachtclub-Cabaret seiner damaligen Berliner Liebschaft „Chez Romy Haag" (heute ein schwuler Disco-Club namens „Connection") in der Fuggerstraße 33 frequentierten Bowie und Iggy auf ihren nächtlichen Streifzügen durch die geteilte Metropole oft. Ebenso stand die „Lützower Lampe", ein kleines Travestielokal in der Behaimstraße 21, auf dem nächtlichen Ausgehplan der beiden. Heute deutet nur noch der hinter einer Reklametafel wiederentdecke Originalschriftzug auf die einstige Existenz jenes Etablissements hin.

Berliner Bowie-Zukunfts-Perspektiven

Nicht lange nach der Nachricht von Bowies Tod wurde das Straßennamensschild „Hauptstraße" mit einem temporären Tribut-Schild, auf dem „David-Bowie-Straße" stand, abgeklebt. In einer Online-Petition sprachen sich zudem über 4000 Menschen für eine offizielle Namensänderung der Hauptstraße aus. Allerdings gibt es ein Berliner Gesetz, dass eine Umbenennung einer Straße nach einer Person erst fünf Jahre nach deren Ableben zulässt. Erst im Januar 2021 gab es dann einen weiteren Vorstoß: Die Heinrich-von-Kleist-Park-nahe Kreuzung aus Haupt-, Grunewald- und Langenscheidtstraße könnte künftig einmal den Namen „David-Bowie-Platz" tragen.

Humor verbindet I

Auch wenn es Terry Jones war, der den Drehbuchentwurf für Jim Hensons Fantasy-Musical-Puppen-Film „Labyrinth“ mit Bowie in der Hauptrolle lieferte, war es ein anderer Star der berühmten britischen Komikertruppe Monty Python, dem Bowie privat deutlich näherstand.

Glaubt man Eric Idles Memoiren, war das erste Treffen der beiden ein gescheiterter Vorstoß seitens Bowie bezüglich einer möglichen Kollaboration für ein Ziggy-Stardust-Musical. Als Gäste eines gemeinsam befreundeten Paares liefen sich die beiden in den 1980er Jahren in der Karibik erneut über den Weg und entdeckten dabei ihr parodistisches Potential beim Erspinnen von nordenglischen, tuntenhaften Floskel-Dialogen. Ein Spaß, den sie erst nach ein paar Tagen und aufgrund der flehentlichen Bitte der anderen Gäste beendeten. Idle war es auch, der Bowie in der Piratenkomödie „Yellowbeard“ (dt: „Dotterbart“) für eine kurze Gastauftrittsrolle ins Spiel brachte. Bei einer eher seltsamen anderen Rolle wiederum war es Idle, der rettend für Bowie einsprang: Ursprünglich hätte David Bowie 1985 in der amerikanischen TV-Märchen-Serie „Faerie Tale Theatre“ den Rattenfänger von Hameln geben sollen, dann aber doch abgesagt. So spielte Idle die Figur. Neben eher seltenen weiteren beruflichen Berührungspunkten verbrachten Idle und Bowie immer wieder gern gemeinsam ihre Freizeit. Sei es in Bowies Schweizer Domizil oder auf Kreuzfahrten. Idle, Patenonkel von David und Angies Sohn Duncan Zowie Jones, war auch dazu auserkoren, bei Bowies Hochzeitsfeier mit Iman am 6. Juni 1992 in Florenz eine Ansprache zu halten. Nur zwischen Bowie und George Harrison, Letzterer war ebenfalls ein Intimus Idles, konnte der Komiker nie den Kuppler spielen. Was nicht so dramatisch war – schließlich hatte Bowie in John Lennon bereits einen anderen Beatle zum Freund.

Humor verbindet II

Bowies Freundschaft mit John Lennon begann Mitte der 1970er Jahre und hatte im Zuge der Sessions zu „Young Americans" auch musikalische Früchte getragen. Das hielt Bowie, nicht nur künstlerisch ein assimilierendes Wesen, allerdings nicht davon ab, sich von dem ehemaligen Beatle einen wirksamen Trick im Umgang mit Fans abzugucken.

Hatten sich Bowies und Lennons Pfade zu Anfang auf Promipartys in Los Angeles, bei der Grammy-Verleihung und später auch im Studio gekreuzt, entwickelte sich alsbald eine tiefere Freundschaft zwischen den beiden. Während einer gemeinsamen Urlaubsreise Ende der 1970er Jahre nach Hong Kong, zu deren Teilnehmern Bowie, Lennon und dessen Sohn Sean gehörten, trumpfte der Beatle mit einem cleveren Spruch auf: Auf der Straße von einem Jungspund angesprochen, ob er nicht John Lennon sei, entgegnete dieser nur trocken „Nein, aber ich wünschte, ich hätte sein Geld". Eine Bemerkung, die Bowie fortan auch für sich zu adaptieren begann. So auch ein paar Monate später, als er im New Yorker Stadtteil SoHo durch die Straßen schlenderte und von irgendwoher die Frage ertönte, ob er David Bowie sei. Bowie entgegnete mit dem Lennon-Bonmot „Nein, aber ich wünschte, ich hätte sein Geld". Dumm nur, dass der Fragesteller Lennon selber war und Bowie mit dem noch lässigeren Konter „Du verlogener Bastard. Du wünschtest, du hättest mein Geld." des Plagiats entlarvte.

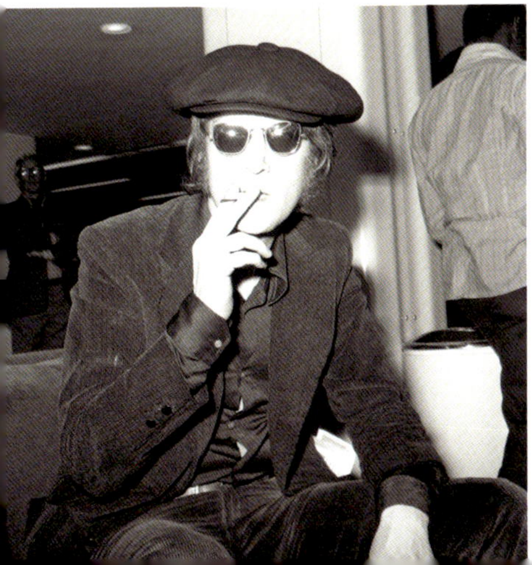

Um einen guten Spruch nicht verlegen: John Lennon

Auf Achse

Über 1300 Konzerte hat David Bowie in seiner Karriere im Rahmen von über einem Dutzend Welttourneen gegeben. Seine beiden in Bezug auf die Anzahl der gespielten Gigs größten Konzertreisen sowie seine ungewöhnlichste und kleinste gestalteten sich wie folgt.

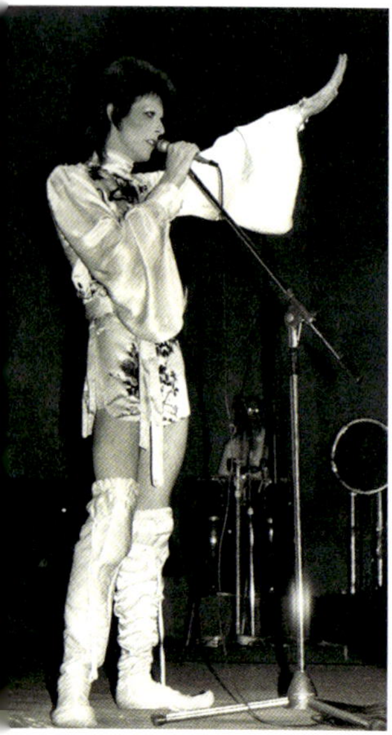

Bowies Bühnenabschied von Ziggy Stardust

Ziggy Stardust Tour (29.1.1972–3.7.1973)
Im Zeitraum von knapp anderthalb Jahren spielte Bowie mit seiner Spiders-From-Mars-Band 191 Konzerte in Großbritannien, Japan und den USA und damit seine größte Tournee. Die drei Alben „Hunky Dory", „The Rise And Fall Of Ziggy Stardust And The Spiders From Mars" sowie „Aladdin Sane" promotend, wurden die Spielstätten und Publika im Verlauf stetig größer. Insbesondere nach dem großen Ziggy-Durchbruch war die Ticketnachfrage 1973 so hoch, dass Bowie des Öfteren in ein und derselben Lokalität gleich zwei Gigs am selben Tag spielen musste. Die Konzertreise kulminierte mit dem berühmten Auftritt im ausverkauften Hammersmith Odeon am 3. Juli 1973. Vor dem staunenden Publikum gab Bowie das Ende von Ziggy Stardust und das der Spiders bekannt.

New York City Marathon Tour (11.10.2002–20.10.2002)
Die wohl kürzeste und geografisch am engsten abgesteckte Tournee fand im Oktober 2002 statt. Der Laufroute des Metropolenmarathons folgend, spielte der Wahl-New-Yorker in jenem Herbst jeweils eine Show in den fünf Stadtbezirken Staten Is-

land, Brooklyn, Queens, Bronx und Manhattan. Die Konzertsäle dieser intimen Big-Apple-Mini-Tournee bewegten sich zwischen dem 300- und 3000-Zuschauer-Bereich und die Ticketpreise lagen bei 75 US-Dollar (in Queens 45 US-Dollar). Bowie wollte sich mit dieser Heimspielaktion bei den New Yorkern bedanken, da er im Rahmen seiner vorigen Bühnenbesuche hauptsächlich in Amphitheatern jenseitig der großen Städte gespielt hatte. „Was aber noch viel wichtiger ist, ist dass ich von all diesen Gigs mit Roller-Skates nach Hause kommen könnte“, scherzte Bowie zu Bekanntgabe der Tournee.

A Reality Tour (7.10.2003–25.6.2004)

Die 112 Auftritte umfassende Welttournee, bei der Bowie erstmals seit 1987 auch Australien und Neuseeland Bühnenbesuche abstattete, war Bowies größte Konzertreise seit Ziggy-Stardust-Zeiten. Für seine Verhältnisse boten die Shows kein großes visuelles Spektakel, sondern waren auf die Musik fokussiert. Drei besondere Vorfälle ereigneten sich auf der „A Reality Tour“: Zunächst musste ein Konzert am 6. Mai 2004 in Miami, Florida abgesagt werden, da ein Lichttechniker kurz vor Showbeginn zu Tode gestürzt war. Am 18. Juni desselben Jahres traf Bowie während eines Konzerts in Oslo ein auf die Bühne geflogener Lolli – mitten in sein linkes Auge. Nach kurzem Schock und medizinischer Begutachtung nahm Bowie die Show jedoch wieder auf. Witzelnd, dass es nun ein besonders langes Konzert würde und man glücklicherweise eh sein schlechtes Auge erwischt habe, behielt der Sänger die Fassung und seinen Humor. Der Auftritt im Rahmen des deutschen „Hurricane“-Festivals am 25. Juni 2004 in Scheeßel indes war aus traurigem Grund denkwürdig. Nach Schmerzen, die zunächst als eingeklemmter Nerv fehldiagnostiziert worden waren, wurde bei Bowie, nachdem er nach dem Gig zusammengebrochen war, im Krankenhaus schließlich eine verstopfte Arterie festgestellt. Alle verbleibenden 15 Tourneetermine wurden anschließend abgesagt. „A Reality Tour“ war David Bowies letzte Tournee.

AHA!

Folgenreicher Verzicht

Am 13. Juli 1985 fand mit „Live Aid“ ein bis dato beispieloses Wohltätigkeitskonzert statt. (Sir) Bob Geldof und Midge Ure waren die Schirmherren des Ereignisses, welches damals das größte Konzert der Rockgeschichte darstellte. Auch David Bowie trat auf – und zeigte sich dabei sowohl einflussreich als auch bescheiden.

Das begann bereits mit der Bekanntgabe der Teilnahme Bowies. Laut Pressesprecher Bernard Doherty beschleunigte sich die anfänglich eher schleppende Künstlerakquise für das Event nach der Zusage Bowies deutlich. Visionär und zukunftsweisend wie eh und je, hatte Bowie für die parallel im Londoner Wembley-Stadion und dem John-F.-Kennedy-Stadion in Philadelphia stattfindenden Supershows etwas ganz Besonderes ersonnen: Er und Mick Jagger sollten – transatlantisch voneinander getrennt und live via Satellit – ein Duett zum Besten geben. Doch leider erwies sich schon der am Telefon erprobte Testlauf als technisch nicht zufriedenstellend und die Sache als nicht umsetzbar. Stattdessen entschlossen sich die beiden dazu, wenigstens gemeinsam im Studio ein Cover des durch Martha & The Vandellas popularisierten Songs „Dancing In The Street“ aufzunehmen – und dazu ein merkwürdiges Video zu Drehen. Bowies tatsächlicher Auftritt bei „Live Aid“, der wie so viele andere letzten Endes im Schatten von Queens ultimativer Siegeszug-Show stehen sollte, besaß jedenfalls noch eine anrührende Fußnote: Ursprünglich hätte Bowie fünf Songs zum Besten geben sollen. Nachdem er jedoch das Filmmaterial gesehen hatte, das eine kanadische Filmcrew in Äthiopien gedreht hatte und welches mit „Drive“ von The Cars unterlegt zu einem Videoclip montiert worden war, entschied sich Bowie, sein Set um einen Song zu kürzen und stattdessen besagtes Videoband dem Publikum zu präsentieren. „Dieses Band war der Wendepunkt des gesamten Events", sagte Geldof später, „Unmittelbar nach seiner Ausstrahlung wurde mehr Geld in Aussicht gestellt als zu jedem anderen Zeitpunkt des Konzerts."

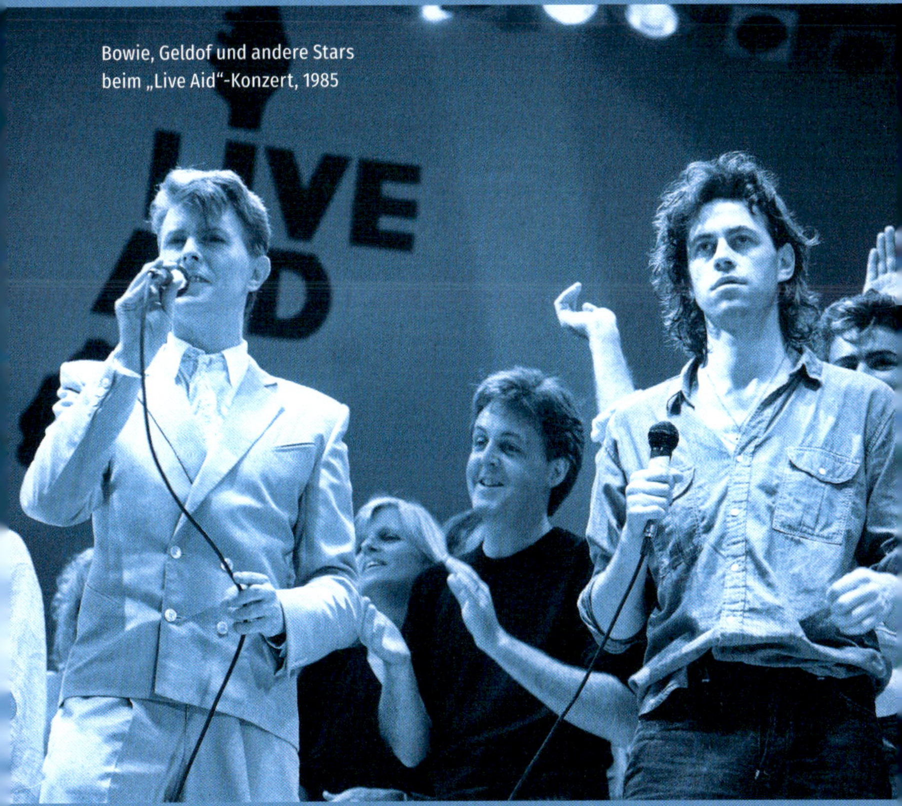

Bowie, Geldof und andere Stars beim „Live Aid"-Konzert, 1985

Mit gutem Gewissen Mainstream

1982 war für Bowie ein Jahr der Zäsuren. So endete nicht nur sein langjähriger Vertrag mit der Plattenfirma RCA und er wechselte für ungefähr 17 Millionen US-Dollar zu EMI America. Auch die Abfindungszahlungen an den ehemaligen Manager Tony Defries sollten nun ihren Abschluss finden. Doch nicht allein in finanzieller Hinsicht gab es maßgebliche Veränderungen. Warteten Bowies 15. Studioalbum „Let's Dance" und dessen markanter Opener „Modern Love" auch mit prominenten Saxophon-Motiven auf, stammten diese nicht von Bowie selber. Im Gegenteil, „Let's Dance" war sogar das erste Album in seiner Karriere, auf dem Bowie selbst kein einziges Instrument spielte.

Als der Sänger im Herbst 1982 in einem New Yorker Club Nile Rodgers, Gitarrist, Sänger, Songschreiber und Produzent der Disco-Band Chic, kennenlernte, funkte es zwischen den beiden auf Basis ihrer gemeinsamen Liebe für afroamerikanische Musik sofort. Mit dem Ziel, ein kommerziell erfolgreiches Album einzuspielen, machte man sich an die Aufnahmen von „Let's Dance". Unter den Session-Musikern fand sich auch ein damals noch ziemlich unbekannter, junger texanischer Gitarrist: Stevie Ray Vaughan. Bowie hatte das Gitarrengenie und die spätere Blueslegende 1982 mit dessen Band Double Trouble beim „Montreux Jazz Festival" entdeckt. Während der Albumaufnahmen im New Yorker Studio Power Station machten sich Bowie und Rodgers an zwei Song-Remakes: Zum einen adaptierte Bowie das einst für Iggy Pop geschriebene „China Girl" in einer Neufassung für sich. Zum anderen unterzog man die Giorgio-Moroder-Soundtrack-Komposition „Cat People (Putting Out Fire)" einer klanglichen Überarbeitung. Für den ersten Singlekandidaten, den funkigen Pop-Rocker „Let's Dance", bemüht Rodgers einen alten Trick: Da Rodgers es als schwarzer Künstler gewohnt war, dass es nur wenige Radiosender gab, die seine Musik spielten, ließ er, um gleich mit der Tür ins Haus zu fallen, viele seiner Songs mit dem Refrain beginnen. So auch „Let's Dance", ein Umstand, dem Bowie später einmal humorvoll bei einer Preisverleihung mit folgenden Worten gedachte: „Für meinen Freund Nile Rodgers: der einzige Mann, der mich dazu bringen konnte, einen Song mit einem Refrain anzufangen". Warfen besagter Titeltrack, „China Girl", „Modern Love" und „Without You" vier veritable Hitsingles ab, entpuppt sich auch das begleitende Album als massiver Erfolg für Bowie. Die Videoproduktionen für den Titelsong sowie die Folgeauskopplung „China Girl" fanden derweil beide in Australien statt und wurden für Bowie als „einfache, aber direkte" Anti-Rassismus-Botschaften ersonnen. So handelt das Video von „Let's Dance" von der Ausbeutung der indigenen Völker Australiens und dem Aufeinanderprallen der Kulturen, wobei die im Text erwähnten roten (Damen-)Schuhe im Video die Fessel des (kolonialen) Kapitalismus symbolisieren. „China Girl" indes operierte mit asiatischen (Frauenrollen-)Stereotypen und versuchte, diese als solche zu entlarven. Dass Bowie zu jener Zeit seine Liebe zu Australien entdeckt hatte und im Sydney-Vorort Elizabeth Bay für knapp zehn Jahre ein Exil-Domizil erwarb, hing der Sänger nie an die große Glocke. Vielmehr genoss er die gelegentliche monatliche Inkognito-Auszeit für Ausflüge ins Outback und in den Regenwald. Und wer, wenn schon nicht Bowie, spielte nun die Saxophonpassagen von „Modern Love" ein? Nun, gleich drei Studiomusiker: Robert Aaron und Stan Harrison (beide Tenorsaxophon) sowie Steve Elson (Baritonsaxophon).

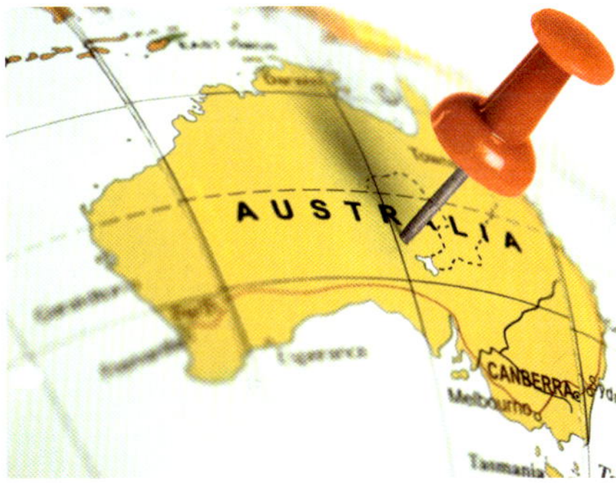

Königlicher Studiobesuch

Im Juli 1981 residierte die Band Queen während ihrer Albumaufnahmen zu „Hot Space" im Mountain-Studio in Montreux. Der damalige Wahlschweizer Bowie gesellte sich für eine Session dazu. Das berühmteste Ergebnis dieses glamourösen Gipfeltreffens war sicherlich der Nummer-Eins-Hit „Under Pressure", ein Duett von Queen-Sänger Freddie Mercury und Bowie mit Queen als Backingband. Doch ist dies nicht der einzige Song, an dem sich Bowie und die royale Truppe damals versuchten.

Die erste Grundlage für „Under Pressure" bildete zum einen die Akkordfolge eines unfertigen Queen-Demos namens „Feel Like". Der zweite wichtige Ausgangspunkt für „Under Pressure" war die markante Basslinie, um deren Urheberschaft lange Unklarheit herrschte. Je nachdem, wen man fragte, wurde sie mal Queen-Bassist John Deacon, mal David Bowie zugeschrieben. Queen-Gitarrist Brian May stellte 2016 in einem Interview mit dem „Daily Mirror" jedoch klar, dass die Figur ursprünglich auf eine Idee von Deacon zurückging. Als die Session für eine Essenspause unterbrochen worden war, erinnerte jener die Basslinie jedoch anders. Bowie griff beherzt ein (und auf Deacons Griffbrett) und korrigierte den Queen-Bassisten zurück zum ursprünglichen Motiv. Das Endergebnis bescherte Queen ihren zweiten UK-Nummer-Eins-Hit sowie Bowie seinen dritten. Dabei beschränkten die fünf Musiker sich bei ihrer von Wein und ein paar anderen Substanzen beflügelten Session nicht auf diesen einen Song. Bowie steuerte auch Background- und einen kleinen Sprech-Gesang-Part zu einer Nummer namens „Cool Cat" bei. Mit dem Resultat war er dann aber letzten Endes nicht zufrieden und so ließ er seine Spuren wieder entfernen. Bootleg-Aufnahmen der Version mit Bowie kursierten dennoch seit 1982. Erst kürzlich kam noch ein weiteres Detail über die legendäre Session ans Tageslicht: In einem Interview bestätigte Queen-Schlagzeuger

Roger Taylor, dass Bowie und Queen noch (mit) andere(n) Songs gespielt hatten: die zwei Cream-Cover „N.S.U.“ und „I Feel Free“. Taylor stellte sogar in Aussicht, dass Aufnahmen davon existierten, verriet aber nicht, ob diese, wenn tatsächlich vorhanden, jemals für eine Veröffentlichung vorgesehen seien. Bowie hatte derweil 1992 „I Feel Free“ mit Alt-Gitarrist Mick Ronson für sein Album „Black Tie White Noise“ eingespielt.

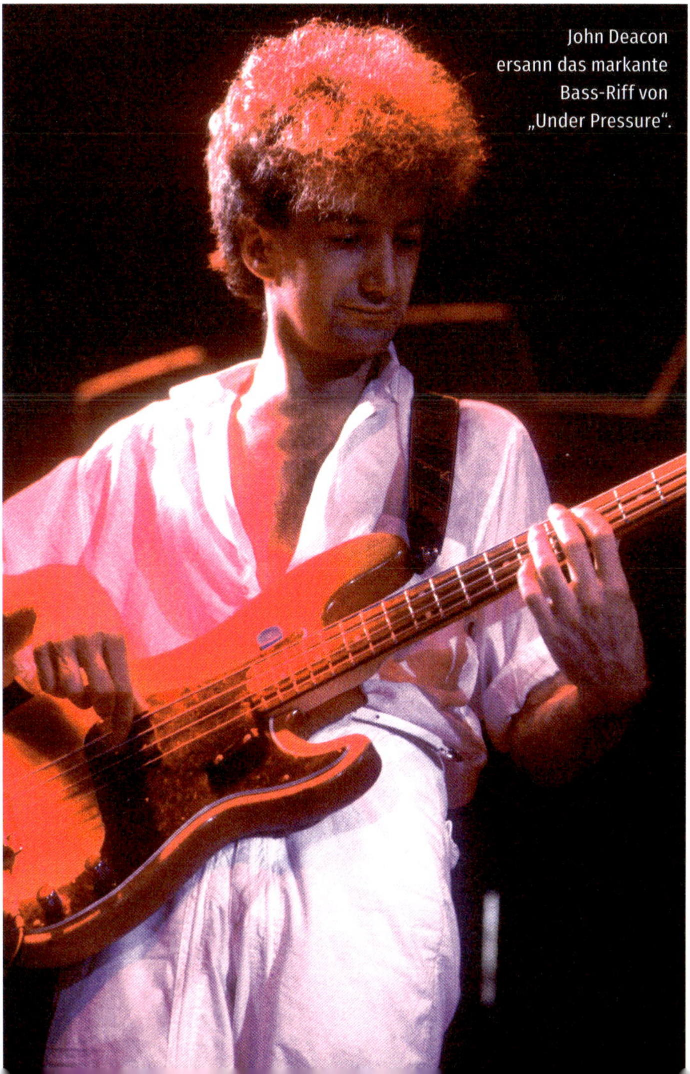

John Deacon ersann das markante Bass-Riff von „Under Pressure“.

Kollaborationen

Gibt es auch eine ganze Reihe von Gastbeiträgen Bowies bei anderen Musikern, nehmen folgende Single-Kollaborationen aufgrund ihrer Absurdität und/oder prominenter Partnerschaft einen ganz besonderen Stellenwert im Werk Bowies ein.

David Bowie & Mick Jagger „Dancing In The Street" (September 1985)

Im Rahmen von „Live Aid" taten sich Bowie und Jagger für das Cover einer Mitte der 1960er Jahre vom Sängerinnen-Trio Martha & The Vandellas popularisierten Soulnummer zusammen. Entstanden waren die Songaufnahme und das dazugehörige Musikvideo innerhalb von 13 Stunden, das Ergebnis fiel bei der Kritik durch. Ungeachtet dessen konnte die Single veritable Charterfolge notieren (UK-No.1, US-No.7). Das selbst für die 1980er Jahre überdrehte Tanzvideo der beiden Protagonisten fand übrigens 2011 in der Episode „Foreign Affairs" der Cartoon-Comedy-Serie „Family Guy" eine ebenbürtig irre Würdigung: Der Clip wurde in voller Länge gezeigt und als „the gayest music video of all time" klassifiziert.

David Bowie & Bing Crosby „Peace On Earth/Little Drummer Boy" (November 1982)

Bing Crosbys letzte Weihnachts-Sondersendung, das für das US- und UK-Fernsehen aufgenommene TV-Christmas-Special „Bing Crosby's Merrie Olde Christmas" wurde fünf Wochen vor dessen Tod am 14. Oktober 1977 aufgezeichnet. Neben Model Twiggy trat unter anderem auch David Bowie in der Sendung auf, der dies auch seiner Mutter zuliebe tat, die großer Crosby-Fan war. Mit Crosby spielte er einen kurzen Sketch und sang mit ihm zusammen einen Song. Bowie lehnte die traditionelle Fassung des 1941 geschriebenen Weihnachtsstandards „Little Drummer Boy" jedoch ab, weshalb die verantwortlichen Showkomponisten und

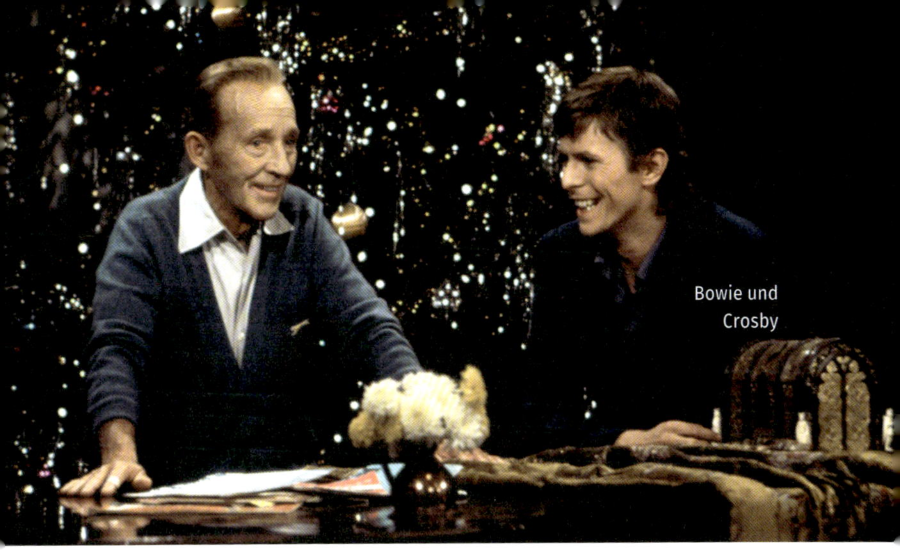

Bowie und Crosby

-autoren Bowie kurzerhand als Gesangs-Gegenstimme zu Crosbys Klassiker-Interpretation noch ein Stück namens „Peace On Earth“ schrieben. Die fünf Jahre später (zu Bowies Ärgernis) veröffentlichte Single wurde im UK und in Norwegen zum Chart-Hit (Platz 3 respektive 6). In den USA machte der Videoclip-Kanal MTV den Song später zum festen Bestandteil seines Weihnachtszeitrepertoires.

David Gilmour „Arnold Lane“ (Dezember 2006)

Als bekennenden Pink-Floyd-Fan musste deren Gitarrist und (späterer) Sänger, David Gilmour, David Bowie sicherlich nicht lange bitten, bei der Live-Aufnahme für eines seiner Solokonzerte in der Royal Albert Hall einen frühen Bandklassiker aus der Syd-Barrett-Ära zum Besten zu geben. Schließlich hatte Bowie die kurzlebige Ziggy-Vorgängerband (The) Arnold Corns in Anlehnung an eine seiner Lieblings-Pink-Floyd-Nummern benannt. Im Anschluss folgte mit „Comfortably Numb“ noch ein weiterer Pink-Floyd-Klassiker in gemeinsamer Bearbeitung. Eine letzte Zugabe mit nachhaltiger Bedeutung: Bowies Gastbesuch bei Gilmour am 29. Mai 2006 war sein erster Royal-Albert-Hall-Auftritt überhaupt und sollte schließlich seine letzte musikalische Bühnendarbietung in seinem Heimatland sein.

Dentales Kunstobjekt

Nicht vielen Musikgrößen wurde von der Bildenden Kunst direkt auf den Zahn gefühlt. David Bowie ist auch hier die Ausnahme. 2015 veröffentlichte die in Berlin lebende deutsche Illustratorin, Malerin und Skulpteurin Jessine Hein auf Facebook Fotos von einem ungewöhnlichen Kunstwerk: Sie hatte Bowies ursprüngliches, natürliches Gebiss nachmodelliert.

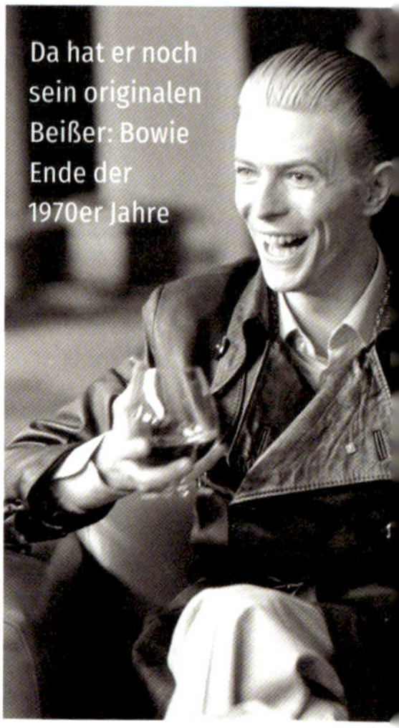
Da hat er noch sein originalen Beißer: Bowie Ende der 1970er Jahre

Ursprünglich impliziert in diesem Zusammenhang natürlich, dass Bowie seine Zähne im Laufe der Zeit einigen Behandlungen unterzogen hatte. Frühe Fotos zeigten den Star jedenfalls noch mit jener recht unförmig-schiefen Art von Beißern, die gemeinhin und vorurteilsbehaftet als typisch britisch beschrieben werden. Die erste dezente dentale Veränderung im Gesicht des Sängers ließ sich zur „Let's Dance"-Ära Anfang der 1980er Jahre beobachten. Hier erschien Bowies Lächeln bereits sichtbar strahlender und weißer. Die nächste Transformation zeigten sich schließlich ab den 1990ern mit einem neuen Paar Hollywood-reifer Kauleisten, vermutlich das Resultat einer kosmetischen Korrektur mit Kronen. Inwieweit diese Eingriffe rein narzisstischer Natur waren und damit auch Bowies Imageveränderungen widerspiegelten oder aufgrund von Erkrankungen wie etwa dem nikotinbedingten Zahnfleischschwund (bei einem langjährigen Kettenraucher wie Bowie durchaus vorstellbar) vielleicht auch medizinisch motiviert waren, darüber lässt sich nur spekulieren. Dass Bowies Kokainkonsum in den 1970er Jahren wohl auch nicht gerade förderlich für ein gesundes Gebiss waren, steht indes außer Frage.

Die vermeintliche Autobiografie

David Bowie war ein bekennender Bücherwurm und Sammler, dessen Privatbibliothek einen Buchbestand im fünfstelligen Bereich umfasste. Auf Reisen bevorzugte er es, Bücherschränke auf Rollen mit sich zu führen. Nur was es mit seiner angeblich schon Mitte der 1970er in Angriff genommenen Autobiografie auf sich hatte, blieb lange Zeit Gegenstand von Spekulationen.

Bob Dylan hatte es mit seinen „Chronicles: Vol. 1" verspätet doch noch geschafft, genauso wie Keith Richards mit „Life". Mick Jaggers in den 1980er Jahren verfasste Autobiografie blieb indes unveröffentlicht. David Bowie hingegen schrieb seine Memoiren nie nieder. Auch wenn er sich 1976 dem Thema bereits angenähert hatte. In einem „Rolling Stone"-Interview erwähnte der Sänger gegenüber dem Journalisten Cameron Crowe, dass er an seiner Autobiografie mit dem Titel „The Return Of The Thin White Duke" arbeite. Das erste Kapitel aus jenem Werk wurden Crowe in diesem Zusammenhang sogar unterbreitet, der den Text als skizzenhafte Selbstportraits, lose Ansammlung von Einzelereignissen und Mischung aus Fiktion und Fakten charakterisierte. Ein kleiner Auszug daraus erschien zudem den Magazinartikel begleitend. Das neun Schreibmaschinenseiten umfassende Originalmanuskript befindet sich heute in der Sammlung des 2012 eröffneten „Rock And Roll Hall Of Fame Library And Archives" in Cleveland und lässt lediglich mutmaßen, ob Bowie auf dessen Basis seine Memoiren oder eine Kurzgeschichtensammlung hätte anfertigen können. Wenn der Sänger auch kein eigenes Buch über sein Leben publizierte, so veröffentlichte er anlässlich seiner Werkschau-Ausstellung „David Bowie Is" in Zusammenarbeit mit deren Kuratoren zumindest eine Übersicht der literarischen Werke, die sein Leben geprägt haben. Unter Bowies 100 Lieblingsbüchern fanden sich „Gespräche mit Francis Bacon" von David Sylvester, Anthony Burgess' „A Clockwork Orange", Gustave Flauberts „Madame Bovary" und Homers „Ilias".

Sound & Vision

Zahlreiche Dokumentationen und Konzertfilme (manchmal auch Kombinationen aus beidem) wurden während Bowies Karriere veröffentlicht. Die Interessantesten:

„Love You Till Tuesday“ (1969)
Der halbstündige Promofilm (zugleich eine herrliche Sixties-Zeitkapsel) präsentiert Bowie mit frühen Songs wie „Rubber Band“, „When I Live My Dream“, aber auch schon „Space Oddity“ in Clip-Szenarien und partieller Begleitung von Freundin Hermione Farthingale sowie seinem damaligen musikalischen Partner John Hutchinson. Sogar eine Bowie-Pantomimen-Performance (mit befremdlichem Voiceover des Stars in spe) wird dargeboten.

„Cracked Actor: A Film About David Bowie“ (1975)
Der von Regisseur Alan Yentob im Auftrag der BBC gedrehte Film vermischt dokumentarische Beobachtungen des Tourneelebens in den USA während der „Diamond Dogs“-Tour mit Konzertsequenzen. Ein faszinierender wie verstörender Einblick in Bowies kokaingeprägten Bewusstseinszustand zu jener Zeit.

„Ziggy Stardust And The Spiders From Mars“ (1979)
Der berüchtigte, das Ende der Ziggy-Ära mit dem historischen 1973er Auftritt im Hammersmith Odeon dokumentierende Konzertfilm von D. A. Pennebaker verharrte nach Beendigung der Aufnahmen sechs Jahre in der Post-Produktion und feierte erst 1979 seine Leinwandpremiere.

„Serious Moonlight“ (1983), „Ricochet“ (1984), „Glass Spider“ (1987)
Bowies Bühnenpräsenz in den 1980er Jahren ist mit zwei Konzertfilmen und dem dokumentarischerem „Ricochet“ ausführlich festgehalten. Das mit Schulfreund Peter Frampton als Live-Gitarristen sowie einer zusätzlichen Tänzertruppe ausgestattete, zirkus-

hafte Großspektakel der „Glass Spider“-Tournee, bei der Bowie schon 1987 ins Headset sang, kann als wegweisend für spätere große Stadion-Nummernrevuen von Madonna bis Lady Gaga angesehen werden.

VH1 Storytellers (2009)
Zehn Jahre nach seiner Aufnahme 1999 veröffentlicht, wechseln sich amüsante Anekdoten mit der Darbietung von Bowie-Klassikern („Life On Mars“, „China Girl“) und Songs vom damals aktuellen Album „Hours“ („Thursday's Child“, „Seven“) ab. Bowie wurde hier unter anderem von Reeves Gabrels, Gail Ann Dorsey und Mike Garson begleitet.

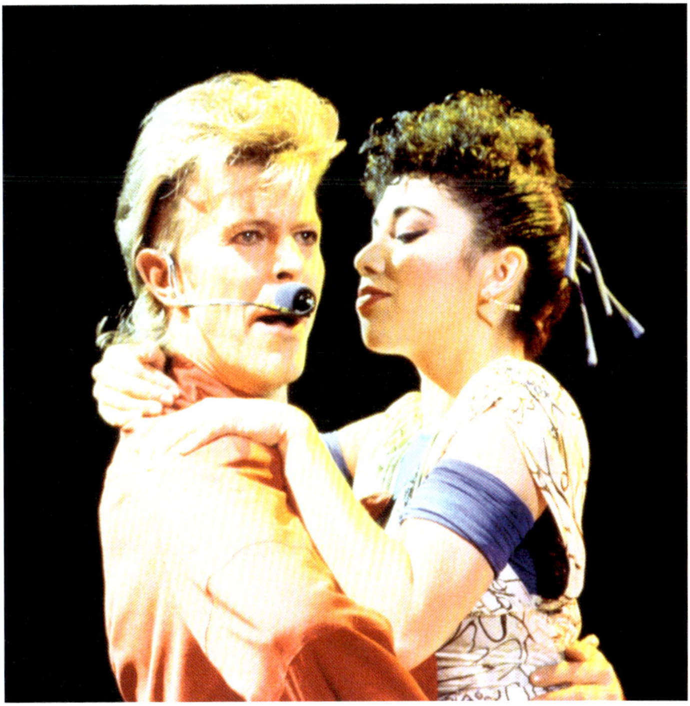

David Bowie. Eine Zeitreise

1947 Am 8. Januar wird David Robert Jones in Brixton, London geboren.

1962 Bowies erster öffentlicher Auftritt als Saxophonist mit der Band The Konrads.

1965 David Jones adaptiert offiziell den Namen David Bowie als Künstlernamen.

1967 David Bowie veröffentlicht sein Debütalbum.

1969 Am 11. Juli veröffentlicht Bowie die Single „Space Oddity" fünf Tage vor Start der Apollo-11-Mondmission. Es wird seine erste Hit-Single (Platz 5 der UK-Charts).

1969 Das zweite im UK ebenfalls „David Bowie" betitelte Album (in den USA hört die Platte auf den Namen „Man Of Words/Man Of Music") wird veröffentlicht. 1972 wird die Platte bei ihrer Wiederveröffentlichung durch RCA in „Space Oddity" umbenannt.

1970 Im März heiratet David Bowie Angela „Angie" Barnett.

1971 Das Album „The Man Who Sold The World" wird in England (10. April) später als in den USA (4. November 1970) via Mercury veröffentlicht. Am 30. Mai wird Duncan Zowie Haywood Jones in London geboren. „Hunky Dory" erscheint.

1972 „The Rise and Fall Of Ziggy Stardust And The Spiders From Mars" erscheint und macht Bowie zum Star. Am 6. Juli tritt Bowie mit dem Song „Starman" in der britischen TV-Sendung „Top Of The Pops" auf.

„Aladdin Sane“ und das Coveralbum „Pinups“ erscheinen. 1973

„Diamond Dogs“ erscheint. 1974

Bowies Soulalbum „Young Americans“ erscheint. 1975

Das Album „Station To Station“ erscheint. Bowies erster großer Film, „The Man Who Fell To Earth“ (dt: „Der Mann, der vom Himmel fiel“), kommt in die Kinos. 1976

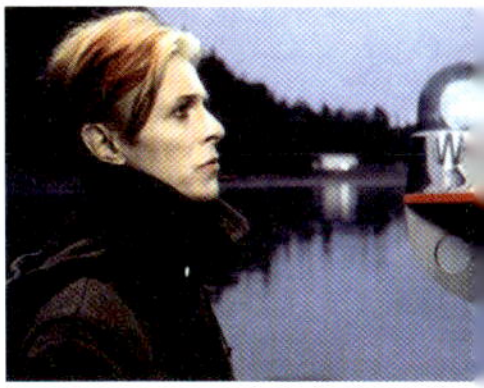

Das Album „Low“ erscheint nach Vorbehalten der Plattenfirma drei Monate verspätet. Zu dieser Zeit weilt Bowie bereits in West-Berlin. Das Album „“Heroes““ erscheint. 1977

Das Album „Lodger“ erscheint. 1979

David und Angela lassen sich am 8. Februar in der Schweiz, Bowies neuem Wohnort, scheiden. Das Album „Scary Monsters (And Super Creeps)“ erscheint. 1980

Die Queen-Bowie-Kollaborations-Single „Under Pressure“ erscheint und wird Bowies dritter UK-Nummer-Eins-Erfolg. 1981

Das Album „Let's Dance“ erscheint. Es wird Bowie kommerziell erfolgreichste Platte. 1983

Das Album „Tonight“ erscheint. 1984

1985 Bowie tritt bei „Live Aid“ auf.

1987 „Never Let Me Down“ erscheint.

1989 Bowies Bandprojekt Tin Machine veröffentlicht sein erstes, gleichnamiges Album.

1991 „Tin Machine II“ erscheint.

1992 David Bowie heiratet das Supermodel Iman Abdulmajid in Lausanne.

1993 „Black Tie White Noise“ und das Soundtrack-Album „The Buddha Of Suburbia“ erscheinen.

1995 „1. Outside“ erscheint.

1996 David Bowie wird in die „Rock And Roll Hall Of Fame“ aufgenommen, ist aber bei der Zeremonie absent. Seine Auszeichnung nimmt Madonna für ihn entgegen.

1997 Bowie schmeißt zu seinem 50. im New Yorker Madison Square Garden eine große Geburtstagskonzert-Party. Mit dabei: Lou Reed, Frank Black, Robert Smith, Billy Corgan, Placebo uvm.
Das Album „Earthling“ erscheint.
David Bowie erhält seinen eigenen Stern auf dem „Hollywood Walk Of Fame“ in Los Angeles.

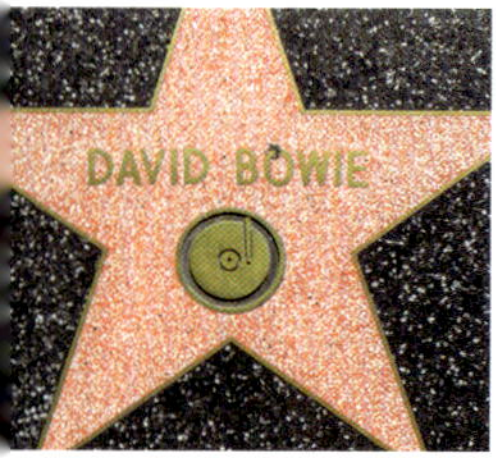

1998 Der Internetdienst BowieNet startet am 1. September.

1999 Das Album „‘hours...’“ ist für BowieNet-Mitglieder vor offizieller Veröffentlichung am 4. Oktober vollständig im Netz anhörbar.

Davids und Imans Tochter Alexandria Zahra Jones wird geboren. 2000

Das Album „Heathen“ erscheint. 2002

Das Album „Reality“ erscheint. Am 3. November spielt Bowie in der Max-Schmeling-Halle sein letztes Berliner Konzert. 2003

Bowie erleidet einen Herzinfarkt beim „Hurricane Festival“ in Scheeßel. 2004

Am 9. November tritt David Bowie ein letztes Mal im Hammerstein Ballroom in New York musikalisch auf der Bühne in Erscheinung. 2006

Das Album „The Next Day“ erscheint. 2013

Das Album „Blackstar“ erscheint am 8. Januar. Am 10. Januar verstirbt David Bowie in New York. Seine Asche wird später auf Wunsch des Sängers auf der indonesischen Insel Bali im Rahmen eines buddhistischen Rituals verstreut. 2016

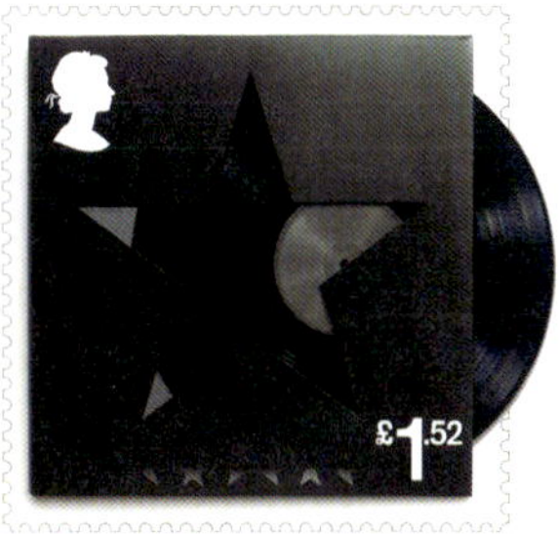

Tea End

Nachdem Bowie am 3. Juli 1973 sein Ziggy-Stardust-Alter-Ego sowie seine damalige Begleitband bei einem letzten Konzert auf der Bühne des Londoner Hammersmith Odeon zu Grabe getragen hatte, stieg einen Abend später im schnieken Edelrestaurant Café Royal in der Regent Street die dazugehörige als „Last Supper" (zu Deutsch: das letzte Abendmahl) bekannte Abschiedsparty. Prominente Gäste: Lou Reed, Mick Jagger, Ringo Starr und Jeff Beck.

In Gedenken an Bowie und natürlich jenen schicksalsvollen Abend etablierte das heute als Hotel Café Royal bekannte Etablissement im September 2018 eine eigene Bowie-Themenbereich-Bar namens „Ziggy's". Dort hat man die Möglichkeit, von Bowie-Songs inspirierte Drinks mit solch schönen Namen wie „Cat From Japan" oder „Tiger On Vaseline" zu genießen. Bowies (kolportierter) persönlicher Lieblingsdrink hingegen gestaltete sich überraschend einfach, wenn auch klassisch britisch: Martini. Gemischt aus zwei Teilen (Bombay-Sapphire-)Gin und Vermouth und mit einem Spritzer Zitrone garniert, wurde dieser, entgegen der berühmten James-Bond-Variante (The Vesper), die sich aus Gin, Wodka, und Kina Lillet zusammensetzt, gerührt und nicht geschüttelt gereicht. Doch nicht in allen Belangen und Trinkgewohnheiten gab sich der Sänger so typisch landeseigen. Englischen Tee rührte Bowie als passionierter Espresso-Junkie nicht an. „Als ich fünf Jahre alt war, nahmen mich meine Eltern auf einen Bootstrip auf die Themse mit. Der Tee, den man dort servierte, hatte sieben Jahre gezogen. Er war so grässlich. Seitdem habe ich nie wieder eine Tasse englischen Tee getrunken, obschon ich eine Leidenschaft für japanischen Grünen Tee habe", enthüllte Bowie während eines Fan-Live-Chats im Jahre 2001 auf seinem eigenem Internetdienst BowieNet.

AHA!

Beinahe ein Bond-Bösewicht

Bereits in jungen Jahren hatte Bowie auch ein Auge auf die Filmschauspielerei geworfen. Beinahe wäre er sogar Teil eines Nationalheiligtums des britischen Kinos geworden: In dem 1985er James-Bond-Film „A View To A Kill“ (dt: „James Bond 007 – Im Angesicht des Todes) hätte er fast den Bösewicht Max Zorin verkörpert.

Nachdem die Rollenofferte 1984 an Bowie herangetragen worden war und die Produzenten sich seiner Besetzung so gut wie sicher waren, sagte der Sänger letzten Endes doch ab – mit der süffisanten Begründung, er hätte keine fünf Monate damit verbringen wollen, seinem Stuntdouble bei spektakulären Stürzen zuzusehen. Womit das vermutlich intendierte werbewirksame Ziel, Bowie und Grace Jones in einem Bond-Film zusammen auf die Leinwand zu bringen, gescheitert war. Jones war dann als amazonenhafte Handlangerin Zorins namens May Day zwar immer noch in besagtem Film zu bewundern, stattdessen aber an der Seite von Christopher Walken, der den Widersacherpart schließlich ergattert hatte. Walkens Erscheinung im schnieken Edelzwirn und mit platinblond gefärbtem Haar mag mancherorts zwar als Tribut an Gert Fröbe und dessen ikonische Darstellung des Bond-Bösewichtes Auric Goldfinger gelesen werden. Dabei ist eine auffällige Ähnlichkeit zu David Bowies Auftreten Mitte der 1980er (etwa als großindustrieller Ausbeuter im „Let’s Dance“-Video) nicht von der Hand zu weisen.

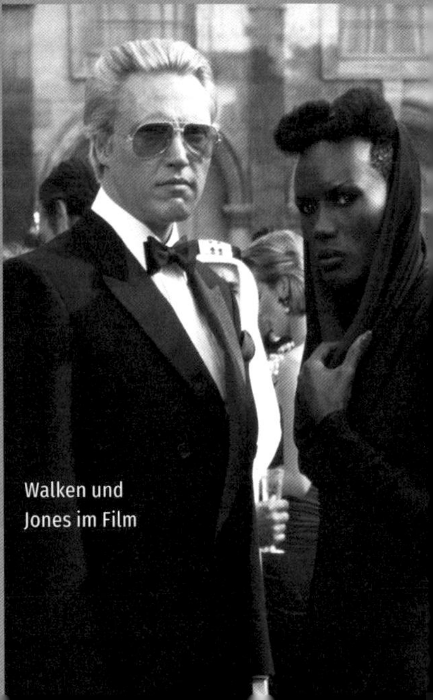

Walken und Jones im Film

Filmstar

Egal, ob Kino-, TV- oder Dokumentarfilm, Bowie schien den Auftritt vor der Kamera genauso zu genießen wie den auf der Konzertbühne. Das beweist eine stattliche Anzahl an Filmauftritten.

Erste rudimentäre Leinwanderfahrungen gingen dabei auf das Jahr 1969 zurück, in dem Bowie in der John-Dexter-Kriegskomödie „The Virgin Soldiers“ (dt: „Rekruten im Todesdschungel“) einen Soldaten mimte, dessen Auftritt allerdings nur ein paar Sekunden dauert und Bowie nicht mal namentliche Erwähnung im Abspann einbrachte. Seitdem nahm Bowie im Laufe seiner Karriere immer wieder größere oder aber auch kleinere Rollen in Filmproduktionen an. Dass nicht jede Rollenwahl und jeder Film ein Hit waren, soll dabei nicht verschwiegen werden. Das blieb oftmals auch Bowie selbst nicht verborgen, der einen Totalausfall wie den 1978er Streifen „Just A Gigolo“ (dt: „Schöner Gigolo, armer Gigolo“) nachträglich zu Recht als „seine 32 Elvis-Presley-Filme in einem“ bezeichnete. Nicht unerwähnt soll bleiben, dass Bowies einzige (und von der zeitgenössischen Kritik gefeierte) echte Theater-(Haupt-)Rolle die in Jack Hofsiss‘ Adaption des Bühnendramas „The Elephant Man“ (dt: „Der Elefantenmensch“) war, welches im Herbst und Winter 1980/1981 auch am Broadway gespielt wurde. Darüber hinaus gab Bowie in „Baal“, eine für die BBC 1982 abgefilmte Brecht-Bühnen-Inszenierung, den Titelhelden. Bowies Kinoflirts ab den 1980ern hatten zudem einen positiven Nebeneffekt: Nachdem Sohn Duncan Zowie Jones am Ausbau seiner musikalischen Fähigkeiten nie sonderlich interessiert gewesen war, genoss Bowies Sohn sehr, seinen Vater an Drehorten und bei der Arbeit am Set zu besuchen. Dort konnte der Regisseur in spe („Moon“, „Source Code“, „Warcraft: The Beginning“, „Mute“) nämlich Einblicke hinter die Kulissen des Filmgeschäfts aus erster Hand erfahren.

AHA!

Das Stimmchamäleon

Im August 1985 nahm Bowie die Hauptgesangsspuren für den Filmsong „Absolute Beginners“ in den Londoner Westside Studios auf, nachdem die musikalische Basis bereits in den Abbey Road Studios gelegt worden war. Wie gewohnt brauchte Bowie nur einen Anlauf. Die übrige Studiozeit nutzte der Sänger für eine Reihe herrlicher Gesangsimitationen, bei denen er prominente Kollegen von Bruce Springsteen bis Tom Waits ziemlich originalgetreu nachahmte.

Der erste fremde Gesangsstil, den Bowie für sich adaptiert hatte, war bekanntlich der des britischen Popsängers Anthony Newley. Dass er aber den Marc-Bolan-Ton ebenso draufhatte, wusste man spätestens seit dem Song „Black Country Rock“. Hatte Bowie ursprünglich den gesamten Song in der Gesangsstimme seines Glam-Rock-Freundes und -Gegenspielers gesungen, wie Tony Visconti in einem Interview Jahre später berichtete, ist auf der finalen Studiofassung lediglich beim letzten Refrain des Liedes das unverkennbare Bolan-Vibrato zu hören. Ein Stimmeffekt, den man durch den Einsatz von Equalizern noch zusätzlich verdünnte, um es so noch mehr nach Bolan klingen zu lassen. Dabei hatte Bowie solch technische Tricks gar nicht nötig. Bei besagter 1985er Session hatte er nach getaner Arbeit aus Jux flugs einen pseudo-bedeutungsschwangeren Text verfasst, den er dann zur „Absolute Beginners“-Begleitmusik zunächst im Gesangsstil von Bruce Springsteen präsentierte. Es folgten unter anderem erstklassige Imitationen von Tom Waits, Lou Reed oder Iggy Pop.

Bowies beste Hauptrollen

„The Man Who Fell To Earth" (dt: „Der Mann, der vom Himmel fiel"), 1976

Regie: Nicolas Roeg

Bowies Hauptdarsteller-Debüt bleibt sein größter Klassiker. Regisseur Roeg hatte Bowie in der Dokumentation „Cracked Actor" gesehen und als perfekte Besetzung für den entrückten außerirdischen Besucher Thomas Jerome Newton identifiziert. Roegs Film vermischte die Grenzen zwischen Rolle und Realität gleitend. So hatte Newton – wie Bowie – Angst in Aufzügen und sah man in einer Plattenladen-Sequenz „Young Americans" prominent im Geschäft platziert. Bowies Faszination für den Stoff und Newtons Figur ging weit über den Film hinaus. Auf Basis der Buchvorlage schuf er neue Musik für das Musical „Lazarus" (Premiere 2015).

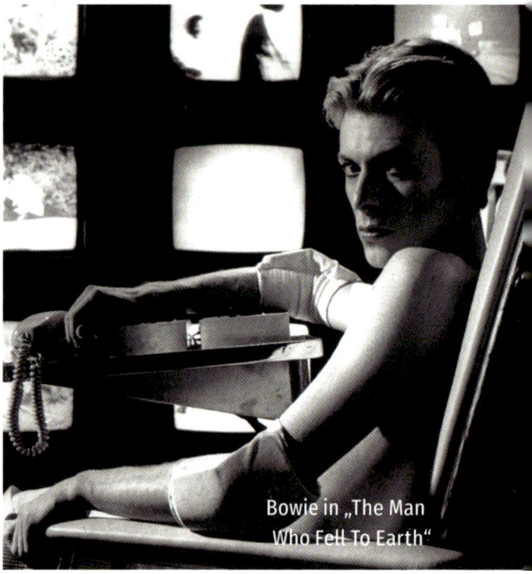

Bowie in „The Man Who Fell To Earth"

„Merry Christmas, Mr. Lawrence"
(dt: „Furyo – Merry Christmas, Mr. Lawrence"), 1983

Regie: Nagisa Ōshima

Sein Broadway-Auftritt in „The Elephant Man" hatte Bowie die Rolle des Major Jack „Strafer" Celliers eingebracht. Das im Zweiten Weltkrieg in einem Kriegsgefangenenlager angesiedelte Drama konzentriert sich auf Kulturkonflikte zwischen Briten und Japanern sowie homoerotische Untertöne.

„The Hunger" (dt: „Begierde"), 1983

Regie: Tony Scott

An der Seite von Catherine Deneuve und Susan Sarandon spielte Bowie den Vampir John Blaylock. In der Eröffnungssequenz ist die Gothic-Band Bauhaus zu sehen, die ihren Song „Bela Lugosi's Dead" zum Besten gibt. (Ein Jahr zuvor hatte die Band eine erfolgreiche Coverversion von „Ziggy Stardust" eingespielt).

„Labyrinth" (dt: „Die Reise ins Labyrinth"), 1986

Regie: Jim Henson

Bowie als Koboldkönig? Das geht nur in einem Puppen-Musical unter der Regie von Muppets-Erfinder Jim Henson und mit „Star Wars"-Schöpfer George Lucas als ausführendem Produzenten. Während die von Bowie beigesteuerten Songs (u.a. „Underground", „Magic Dance") allesamt nicht so richtig zu überzeugen wussten, schaffte es sein selbstironisches Spiel und das von Monty-Python-Mitglied Terry Jones verfasste, irrwitzige Drehbuch schon eher.

„The Linguini Incident"
(dt: „Houdini & Company – Der Geist des Magiers"), 1991

Regie: Richard Shepard

Neben Rosanna Arquette spielt Bowie in dieser kleinen, aber charmanten Komödie den Bartender Monte mit einer Nonchalance, die der Prämisse „Englishman in New York" folgt.

Weitere wichtige Hauptrollen:

„Just a Gigolo" (dt: „Schöner Gigolo, armer Gigolo"), Regie: David Hemmings, 1978

„Absolute Beginners" (dt: „Absolute Beginners – Junge Helden"), Regie: Julien Temple, 1986

„Gunslinger's Revenge", Regie: Giovanni Veronesi, 1998

„Mr. Rice's Secret" (dt: „Das Geheimnis des Mr. Rice"), Regie: Nicholas Kendall, 1999

Bowies beste Nebenrollen

„Christiane F. – Wir Kinder vom Bahnhof Zoo", 1981
Regie: Ulrich Edel
Dafür, dass Bowie in der wahren Geschichte der Christiane F. eine Schlüsselrolle zukommt, ist sein schauspielerischer Beitrag zum Film (Bowie spielt sich selbst auf der Bühne) gering. Seine Teilnahme an dem Projekt war für die Popularität des Films dennoch förderlich. Darüber hinaus ist der Soundtrack Bowie pur.

„The Last Temptation Of Christ"
(dt: „Die letzte Versuchung Christi"), 1988
Regie: Martin Scorsese
Bowie als Pontius Pilatus in einem Film von Martin Scorsese über die letzten Tage Christi. Wenn das nicht schon episch genug ist, kann man höchstens noch Bowies Leinwandpräsens von nahezu antiker Eleganz und Würde herausstellen, die Willem Dafoes Jesus und Harvey Keitels Judas das Wasser reichen konnte.

„Twin Peaks: Fire Walk With Me" (dt: „Twin Peaks – Der Film"), 1992
Regie: David Lynch
Nicht allein wegen einer gemeinsamen Vorliebe für den Stoff „Der Elefantenmensch" sind Bowie und Lynch ein perfektes Paar. Für sein Film-Prequel zur TV-Serie „Twin Peaks" besetzte Lynch den Sänger als Special Agent Phillip Jeffries. Dessen wiederkehrende Rolle in der dritten Staffel „Twin Peaks" (2017) konnte von Bowie nicht gespielt werden. Bowie gab Lynch jedoch die Erlaubnis, die alten Filmaufnahmen mit ihm erneut zu verwenden. Wenn auch mit neuer Synchronstimme.

„Basquiat", 1996
Regie: Julian Schnabel
Bowie spielt Andy Warhol. Eine Paraderolle für den Mann, der den Pop-Art-Papst persönlich kennen gelernt und ihm zuvor den Song

„Andy Warhol“ gewidmet hatte. Dabei verkörpert Bowie Warhol mit genau der richtigen Mischung aus Spiegel- und Zerrbild.

„The Prestige“ (dt: „Prestige – Die Meister der Magie“), 2006
Regie: Christopher Nolan

Bowie hatte sich gegen die Rolle als Erfinder Nikola Tesla zunächst gesträubt, dann aber auf Flehen von Regisseur und Bowie-Fan Nolan doch eingewilligt. Sein kurzer, aber durchaus elektrisierender Leinwandauftritt bleibt im Gedächtnis – so wie Nolan die Arbeit mit seinem Helden: „Normalerweise verlieren Stars, egal wie große Stars sie sind, wenn man sie dann trifft und als Menschen betrachtet, etwas von ihrem Zauber. Nicht David Bowie“.

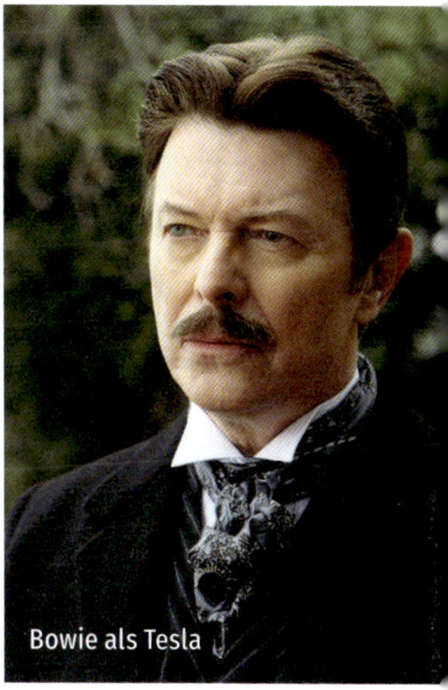
Bowie als Tesla

Weitere Kurzauftritte:
„Yellowbeard“ (dt: „Dotterbart“), Regie: Mel Damski, 1983
„Into The Night“ (dt: „Kopfüber in die Nacht“), Regie: John Landis, 1985
„Everybody Loves Sunshine“/„B.U.S.T.E.D“, Regie: Andrew Goth, 1999
„Zoolander“, Regie: Ben Stiller, 2001
„August“ (dt: „Der Börsen-Crash“), Regie: Austin Chick, 2008
„Bandslam“ (dt: „Bandslam – Get Ready to Rock!“), Regie: Todd Graff, 2009

Vertraute im Verborgenen

Ging das Gros von Bowies Geld nach dessen Tode erwartungsgemäß an seine Frau Iman, fand sich unter den Erben auch eine gewisse Corinne „Coco“ Schwab, die Bowie immerhin mit zwei Millionen US-Dollar in seinem Testament bedacht hatte. Als dieses Detail damals an die Öffentlichkeit kam, fragten sich viele, wer die mysteriöse Dame wohl sei.

Corinne Schwab kam 1973 auf eine Annonce zu der Firma MainMan, wo sie zunächst als Sekretärin arbeitete. Doch schon 1974 begleitet sie Bowie durch die USA, war zusammen mit ihm in der Dokumentation „Cracked Actor“ zu sehen und fortan seine persönliche Assistentin und engste Vertraute. Bowie beschrieb die tiefgründige Beziehung der beiden als platonisch, Gerüchte über ein anfängliches Techtelmechtel oder gar Heiratspläne kursierten aber immer wieder. Wohl auch aufgrund von Eifersüchteleien, weil „Coco“ Schwab wegen ihrer einflussreichen Position im Stande gewesen war, eine effektive Schutzmauer um den Sänger herum zu erbauen, die nur sie durchdringen konnte. Laut Bowie spielte Schwab bei der Entwöhnung seiner schlimmen Kokainsucht eine entscheidende Rolle. Und angeblich war sie es auch, die Bowies Berliner Domizil in Schöneberg für ihn angemietet hatte. 1987 widmete Bowie seiner Vertrauten schließlich den Song „Never Let Me Down“ vom gleichnamigen Album. In der mit dem Gitarristen Carlos Alomar komponierten Ode sang Bowie unter anderem die in mehrfacher Hinsicht eröffnenden Zeilen „When I believed in nothing/I called her name/Trapped in a high-dollar joint in some place/I called her name“. Es dürfte der einzige Liebesbeweis in Liedform seiner Karriere sein, der nicht in Zusammenhang mit einer seiner beiden Ehefrauen Angie („The Prettiest Star“) und Iman („The Wedding Song“) stand.

Bis dass der Tod...

Zehn Jahre nach dem offiziellen Ende seiner ersten Ehe sollte David Bowie seine zweite Zukünftige kennenlernen: das somalisch-amerikanische Model Zara Mohamed Abdulmajid, besser bekannt als Iman.

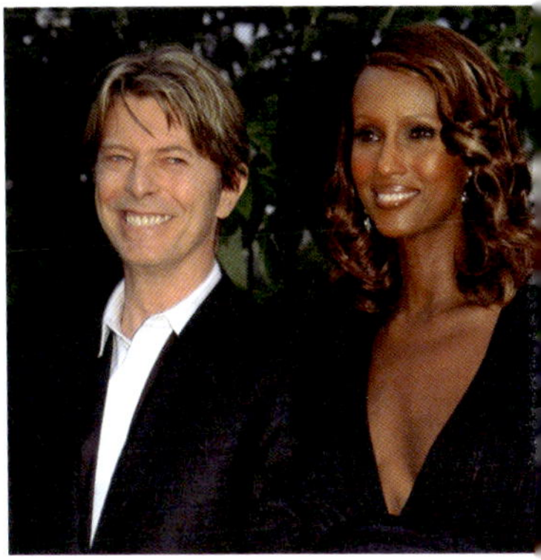

Das glückliche Paar: Bowie und Iman 2002

Bowies Friseur, Teddy Antolin, hatte die beiden 1990 bei einem Blind Date verkuppelt. Für Bowie war es Liebe auf den ersten Blick. „Nach unserem ersten Treffen konnte ich vor Aufregung nicht schlafen. Dass sie meine Frau werden würde, war in meinem Kopf schon ausgemachte Sache. Ich habe nie etwas in meinem Leben leidenschaftlicher verfolgt.“ Nach zwei Jahren erfolgreicher Beziehungsprobe gaben sich Bowie und Iman schließlich am 24. April 1992 bei einer privaten Zeremonie im schweizerischen Lausanne das Ja-Wort. Die große Hochzeitsparty stieg dann am 6. Juni im italienischen Florenz. Das von Bowie für diesen Anlass verfasste Instrumental „The Wedding“ fand sogar in zweifacher Form, als Intro und als „The Wedding Song“ mit Gesang, seinen Weg als musikalische Klammer auf „Black Tie White Noise“ (5. April 1993). Sesshaft wurde das Ehepaar Jones in New York City, wo am 15. August 2000 ihre gemeinsame Tochter Alexandria Zahra „Lexi“ geboren wurde. Lexis Geburt war auch der Grund, warum Bowie sein letztes Laster, das Rauchen, im Jahre 2002 schließlich erfolgreich aufgab. Nach seinem Tod erhielt Iman gut die Hälfte seines zum Todeszeitpunk auf 100 Millionen US-Dollar (plus Immobilien) geschätzten Vermögens, während Tochter Alexandria und Sohn Duncan jeweils rund 25 Prozent in Empfang nehmen durften.

Gruppenfreizeit

Die Massentauglichkeit, die Bowies Musik Mitte der 1980er Jahre erreicht hatte, ließ den Sänger jene Ära im Nachhinein scherzhaft als seine „Phil-Collins-Jahre" bezeichnen. Zum Ende des Jahrzehnts krempelte Bowie seine Karriere komplett um – und suchte als kreativen Jungbrunnen mit der Gruppe Tin Machine noch einmal den Bandverbund auf.

25 Jahre nachdem David Jones 1963 mit The Konrads seine erste Profi-Band-Erfahrung gemacht hatte, schien er seiner Rolle als erfolgreicher Solokünstler überdrüssig. Auf der Glass-Spider-Tour hatte Bowie den amerikanischen Gitarristen Reeves Gabrels kennengelernt, man traf sich im Sommer 1988 zu einer ersten Session. Ein Bandgefüge sollte sich konsolidieren, nachdem Bowie den

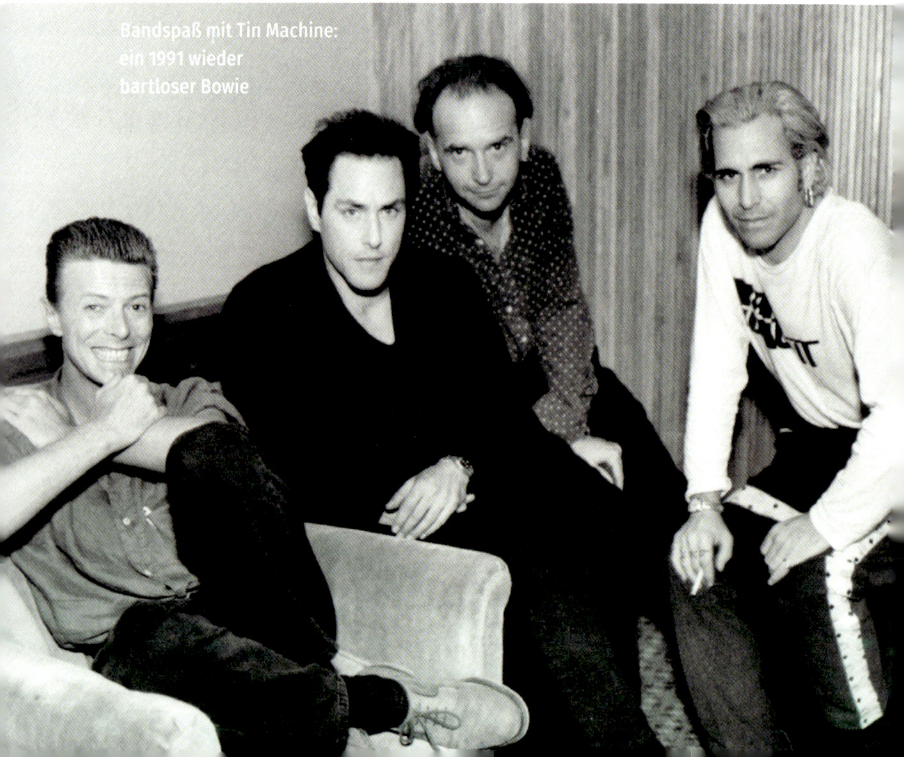

Bandspaß mit Tin Machine: ein 1991 wieder bartloser Bowie

Bassisten Tony Fox Sales wiedergetroffen hatte, der mit seinem Bruder und Schlagzeuger Hunt Sales einst die Rhythmus-Sektion für das Iggy-Pop-Album „Lust For Life“ gestellt hatte. Mit Produzent Tim Palmer nahm die frischgebackene neue Gruppe, die auf den Namen Tin Machine hören würde, Ende 1988 ihr gleichnamiges Debütalbum auf. Dessen Klang hatte mit dem Tina-Turner-Duettpartner Bowie von ein paar Jahren nichts mehr gemein. Harsch und hart rockend, zwischen frühen britischen Blues-Bands wie Cream und neuen Alternative Rock-Avantgardisten wie den Pixies changierend, war das erste experimentelle Tin-Machine-Album vom Pop-Mainstream meilenweit entfernt. Und ein die vorherige Glätte auch optisch abgelegt habender, bärtiger David Bowie schien sich in diesem musikalischen Musketierszenario sichtlich zu gefallen. Zumindest für die Zeit eines weiteren, im September 1991 veröffentlichtem und melodisch deutlich greifbareren Studioalbums, „Tin Machine II“. Ein Livealbum, „Tin Machine Live: Oy Vey, Baby“ (1992), sollte noch folgen, danach war das Ende der Band aufgrund von bandinternen persönlichen Problemen auch schon wieder besiegelt und Bowie kehrte in den Schoß seiner Solokarriere zurück. Für seine musikalische Midlife-Crisis war jene kurze Gruppenfreizeit dennoch das dringend nötige Gegengift.

AHA!

Wandmalerei

Für viele Pop- und Rockstars, darunter Größen wie Bob Dylan, Stevie Nicks oder Ron Wood, gehört eine weitere kreative künstlerische Betätigung neben der Musik zum guten Ton. David Bowie, der sich seit längerer Zeit auch aktiv für Bildende Kunst begeisterte, präsentierte unter dem Motto „New Afro Pagan and Work: 1975–1995“ von ihm erschaffene Kunstwerke erstmals in einer Soloausstellung im April 1995 in London. Unter den Gemälden und Skulpturen fanden sich auch zwei ziemlich ungewöhnliche Objekte.

In Kooperation mit der Textil- und Interieur-Designkette Laura Ashley zeigte Bowie zwei von ihm entworfene Tapetendesigns. Sowohl als Teil einer Installation mit dem Titel „District 6“ als auch in gerahmter Form konnten Besucher die beiden Entwürfe bestaunen, die Bowie auf Basis eines floralen Laura-Ashley-Tapetendesigns (die namenstiftende walisische Designerin war einst mit Blümchenkleidern berühmt geworden) in limitierter Form hatte anfertigen lassen. Die beiden Tapeten-Kunstwerke trugen die Titel „British Conflicts“ (ein Kohle-Selbstporträt des britischen Malers Lucian Freud in einem Damien-Hirst-artigen Tank) sowie „The Crouch“ (die Kohlezeichnung eines Minotaurus). Beide Werke gingen im April 2020 beim renommierten britischen Auktionshaus Sotheby's in die Online-Versteigerung, ein kombinierter Erlös von 56.000 Britischen Pfund wurde erwartet. Letztlich kamen beide nicht unter den Hammer, weil sich kein Käufer dafür finden sollte. Erstaunlich, wenn man sich in Erinnerung ruft, was andere David-Bowie-Devotionalien für Preise erzielten und dies immer noch tun.

Drogenberater

Es ist ausführlich dokumentiert, dass David Bowie in Bezug auf das Thema Drogen keineswegs ein Kostverächter war. Bis auf die Zigaretten hatte der Sänger seine großen Suchtphasen allerdings Mitte der 1990er Jahre hinter sich gelassen. Entsprechend autoritär konnte Bowie zwei jüngeren Kollegen suchtberatend zur Seite stehen.

Der eine war Guns-N'-Roses-Gitarrist Slash, bürgerlich Saul Hudson. Dieser offenbarte Bowie bei einem Treffen, dass seine Drogen-induzierten Trips begannen, in ziemlich schlechten Erfahrungen zu enden. Bowie entgegnete Slash, dass er sich „wahrscheinlich grad in schlechter Verfassung befinde und entsprechend anfällig für allerhand äußere Wechselwirkungen und Interaktionen sei, die Menschen normalerweise nicht sehen". Für Slash jedenfalls war dies eine augenöffnende Diagnose, auch wenn sie für den berühmten Zylinderträger noch nicht

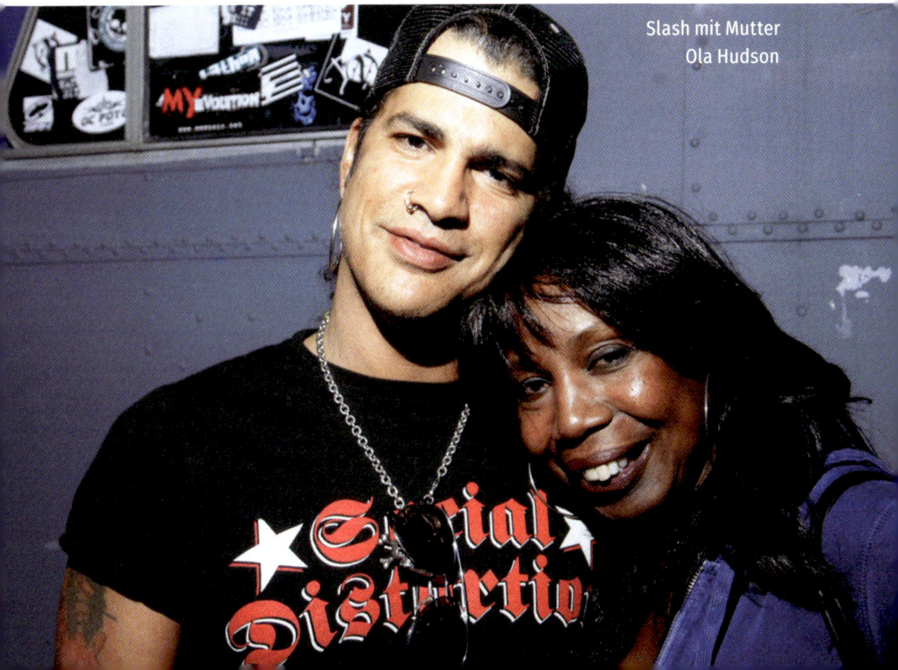

Slash mit Mutter
Ola Hudson

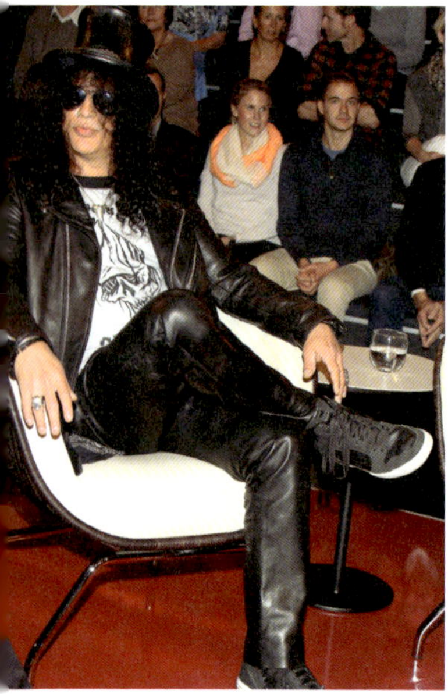

2014 setzt Slash auf Wasser

in der Erkenntnis mündete, unmittelbar die Finger von dem Stoff zu lassen. Slashs Beziehung zu Bowie ging dabei über einen solchen, vermutlichen Backstage-Talk allerdings noch ein ganzes Stück weit hinaus. So war Slashs Mutter, Ola Hudson, einst Kostümbildnerin und hatte für Bowie unter anderem Klamotten für den Film „Der Mann, der vom Himmel fiel" sowie Bühnengarderobenstücke für die „Station To Station"-Phase mitentworfen. Darüber hinaus war es bei einer rein beruflichen Beziehung zwischen den beiden nicht geblieben. So erinnerte sich Slash daran, Bowie und seine Mutter zuhause einmal nackt erwischt zu haben. Der andere Rockstar und Bewunderer, dem Bowie substanziell helfen konnte, war Trent Reznor. Als Support-Band auf Bowies „Outside"-Tour befand sich der Nine-Inch-Nails-Kopf damals in einem Drogensumpf. „Er war auf der anderen Seite und hatte das alles schon durchgemacht", so Reznor über Bowie. „Es gab ein paar Große-Bruder-Momente, in denen er mich beiseite nahm und mir steckte, dass ich meinen Scheiß in den Griff kriegen solle."

Download-Pionier

Es war ein typischer David-Bowie-Schachzug: Als begeisterter Nutzer und Fürsprecher der neuen Internettechnologie sah Bowie als einer der ersten etablierten Künstler das Potential des weltweiten Netzes als Promotion- und Musikplattform.

Für die digitale Erstveröffentlichung seines Songs „Telling Lies" hatte er ein virtuelles Werbe-Event ersonnen, welches im September 1996 vom amerikanischen Internetdienstanbieter Compuserve ausgerichtet wurde: In einer Online-Chat-Session gaben sich gleich drei verschiedene Personen als David Bowie aus, die die Fragen der Nutzer beantworteten. Letztere wiederum sollten parallel votieren, wen sie für den echten David Bowie hielten. Neben David Bowie selbst gaben sich Gitarrist Reeves Gabrels und Patrick Briggs, Sänger der amerikanischen Industrial-Band Psychotica, als Bowie aus. Briggs schaffte es mit einem auf sich vereinenden Stimmresultat von 35 Prozent, die Fans zu täuschen. Vermutlich aufgrund von pseudointellektuellen Statements wie „Kunst imitiert das Leben und das Leben imitiert die Kunst. Als Multimedia-Fanatiker, der ich bin, denke ich, dass dies einen Domino-Effekt darstellt." Auch Gabrels, zweitplatziert, gab mit seinen Antworten einen glaubwürdigen Bowie ab. Auf die Frage, warum er dem Mainstream der Musikindustrie fünf bis sieben Jahre voraus sei, gab dieser zum Besten, dass nicht er es ist, der seiner Zeit voraus sei, sondern der Rest der Welt ihm einfach hinterherhinke. Bowie selbst enttarnten die wenigsten seiner Anhänger als den wahren David Bowie. Dabei hätte seine schelmische Antwort auf die Frage, ob er mal wieder ein Filmprojekt in Planung hätte, ihn doch entlarven können: „Ähem, eine Biografie über Gott. Ich spiele dabei aber nur eine Nebenrolle." „Telling Lies", das sukzessive in drei unterschiedlichen Mix-Versionen erschien, wurde 300.000 Mal heruntergeladen und erschien zwei Monate später als Single und 1997 auch auf dem Album „Earthling".

Kurs auf die Börse

Im Jahre 2020 konnte man verstärkt beobachten, dass renommierte Rockstars ihre Songrechte veräußern. Künstler wie Stevie Nicks, Blondie oder gar Bob Dylan, der die Rechte an seinem musikalischen Gesamtkatalog für 300 Millionen US-Dollar an Universal Music verkauft hatte, waren darunter. David Bowie ging Jahrzehnte vorher als kreativer Kontrollfreak bezüglich seiner musikalischen Schöpfung einen anderen Weg – und diesen gewohnt als Vorreiter: 1997 brachte Bowie die sogenannten „Bowie Bonds" an die Börse.

Mit einem beachtlichen Vermögen auf der Bank und einem jährlichen Einkommen von mehreren Millionen bot sich Bowie Ende der 1990er Jahre ein lukratives monetäres Modell an. Im Jahr seines 50. Geburtstages stellte Bowie eine für den Zeitraum von zehn Jahren ausgelegte Anleihe namens „Bowie Bonds" vor. Abgesichert wurde diese mit der Kopplung an die laufenden und zukünftigen Einnahmen aus Bowies Alben (und knapp 300 Songs), die vor 1990 entstanden waren. Der Zinssatz dieser Wertpapiere betrug 7,9 Prozent. Als die „Bowie Bonds" 1997 auf den Markt kamen, waren alle Anleihen bereits von der Prudential Insurance Company für das stolze Sümmchen von 55 Millionen US-Dollar gezeichnet worden. Geld, das unmittelbar auf Bowies Bankkonto ging. Der Hintergrund, warum Bowie einen solch stattlichen Betrag benötigte, war einfach: Endlich konnte er damit seinen ehemaligen Manager Tony Defries ausbezahlen, welcher immer noch einen Teil der Songrechte aus ihrer gemeinsamen Geschäftsbeziehung innehatte. Vorbereitet hatte Bowie den im Finanzsektor für Aufsehen sorgenden Deal mit dem federführenden Investmentbanker David Pullman. Künstler wie James Brown oder die Isley Brothers sollten Bowies Beispiel bald folgen. 2007 wurden die Anleihen schließlich liquidiert und Bowie erhielt ohne Umschweife sämtliche seiner Songrechte zurück.

Komische Kunst

1997 hatte sich Bowie aus einer Kunstlaune entschieden, in Verbund mit dem Galeriebesitzer Bernard Jacobson und Karen Wright, Chefredakteurin des Magazins „Modern Painters“, den Verlag 21 Publishing ins Leben zu rufen, der sich auf die Veröffentlichung illustrierter Kunstbücher spezialisierte. Darunter fanden sich Publikationen wie „Blimey! – From Bohemia to Britpop: London Art World From Francis Bacon To Damien Hirst“ von Autor Matthew Collings. Berühmt(er) wurde 21 Publishing allerdings auf Grundlage eines humoristischen Husarenstücks.

„Kunst ist nicht mehr elitär“, hatte Bowie im Mai 1997 gegenüber der britischen Tageszeitung „The Times“ bezüglich seiner Motivation, unter die Kunstbuchverleger zu gehen, verlauten lassen: „Wir wollen die Texte zugänglich gestalten – dieselbe Anzahl von Leuten, die zu Rockkonzerten kommen, gehen auch in Museen und Galerien.“ Waren Bowies Ziele mit der Verlagsgründung in erster Linie auch ehern, ließ er es sich nicht nehmen, an einem Coup teilzuhaben, welcher der zuweilen snobistischen Kunstszene den Spiegel vorhalten sollte. Die Rede ist von dem im April 1998 veröffentlichten Buch „Nat Tate – An American Artist 1928–1960“ von Autor William Boyd. Gegenstand des Buches war der amerikanische Expressionist Nat Tate, der letzten Endes 99 Prozent seiner Werke zerstört hatte, nur um dann von der Staten-Island-Fähre in den Freitod zu springen. Der Witz

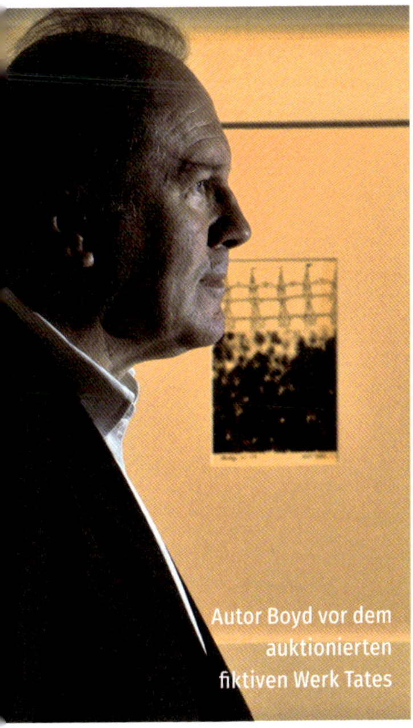
Autor Boyd vor dem auktionierten fiktiven Werk Tates

an der Sache? Besagter Künstler war ein reines Fantasieprodukt. Boyd hatte sich Nat Tate und dessen bewegte Biografie komplett ausgedacht. Eine von Bowie angestoßene Buchpremiere am 1. April (!) 1998, bei der der Sänger Auszüge aus dem Werk las, trug zum Nat-Tate-Mythos bei und ließ die Kunstkenner und -kritiker kurze Zeit in dem Glauben, hier müsse das Werk eines vergessenen Genies neu gewürdigt werden. Zumindest leugnete die Nichtexistenz Tates keiner der Gefoppten unmittelbar. Dass 2011 eine (von Boyd angefertigte) Nat-Tate-Zeichnung beim Auktionshaus Sotheby's noch für 7250 Britische Pfund versteigert wurde, spricht genauso für die Langlebigkeit dieses exquisiten Scherzes, wie er die Kunstwelt weiterhin ad absurdum zu führen versteht.

Ordentliche Abneigung

Für die Monarchiefreunde unter den britischen Musikern ist der Ritterschlag oder eine andere Ordensauszeichnung durch das Empire sicherlich die höchstmögliche Ehrung. Dass sich Bowie kein „Sir" vor den Namen setzen ließ, liegt keineswegs etwa daran, dass er nie für eine solche Würdigung in Betracht gezogen wurde.

In Wirklichkeit wurde Bowie sogar gleich zwei Mal bedacht: So sollte er bereits im Jahre 2000 den Orden als „Commander Of The Order Of The British Empire" (kurz CBE), die nach dem Ritterschlag zweitranghöchste Auszeichnung, verliehen bekommen. Bowie lehnte jedoch ab. Als drei Jahre später Mick Jagger – nicht ganz ohne öffentlichen Aufruhr – die Aufnahme in den Ritterstand offeriert wurde, stand Bowie ebenfalls erneut auf der Nominierungsliste – und schlug auch diese Auszeichnung aus. „Ich hätte niemals die Absicht, etwas in der Art anzunehmen", sagte Bowie damals einer großen britischen Tageszeitung. „Ich weiß ernsthaft nicht, wofür das sein sollte. Es ist nichts, worauf ich mein Leben lang hingearbeitet habe. Ich bin nicht in der Position, über Jagger zu urteilen, das ist seine Entscheidung. Aber für mich ist das nichts." Den französischen Orden der Künste und der Literatur („Ordre des Arts et des Lettres") hatte er hingegen 1999 in Empfang genommen. Das erste Mal, dass Populärmusiker in Großbritannien mit einer staatlichen Ehrung bedacht wurden, war übrigens 1965: Damals erhielten die Mitglieder der Beatles jeweils ihren Orden als „Member Of The Order Of The British Empire" (kurz: MBE).

Schwamm drüber

Für Musiker, Schauspieler oder Sportler gilt es als hohe Ehre, in der Cartoon-TV-Serie „The Simpsons" aufzutauchen und einem gelben Selbst die Stimme zu leihen. Ähnliches gilt für das Konkurrenz-Pendant „Family Guy". David Bowie tat beides allerdings nie. Dafür sprach er eine Figur in der Serie „SpongeBob SquarePants".

Im Laufe von über 30 Staffeln hatten „Die Simpsons" sie (fast) alle: Unter anderem Paul und Linda McCartney, Ringo Starr, Mick Jagger und Keith Richards sowie Tom Petty und Elvis Costello statteten dem Städtchen Springfield einen virtuellen Besuch ab. David Bowie wurde zwar mehrfach erwähnt, war aber nie (stimmlicher) Gast der Show. Sein einziger Auftritt bleibt ein posthumer im Jahre 2019 in der Episode „Todd, Todd, Why Hast Thou Forsaken Me?" – als Fliege mit Bowies Antlitz. In der ähnlich gestrickten Serie „Family Guy" wurde Bowie ebenfalls nie vorstellig. Auch wenn er in der 2005er DVD-Veröffentlichung „Stewie Griffin: The Untold Story" in einer Szene kurz als Trickfigur zumindest in Erscheinung tritt. Einen echten Auftritt als Sprecher hatte David Bowie aber in der 2007 ausgestrahlten „SpongeBob"-Episode „Atlantis SquarePantis". Hier vertont Bowie im englischen Original den Charakter Lord Royal Highness, der, stilecht mit orange-roten Ziggy-Haaren und zwei unterschiedlich gefärbten Augen porträtiert wurde. Warum ausgerechnet „SpongeBob SquarePants"? Ganz einfach, weil Bowie die Sendung gern gemeinsam mit seiner damals sechsjährigen Tochter Lexi schaute.

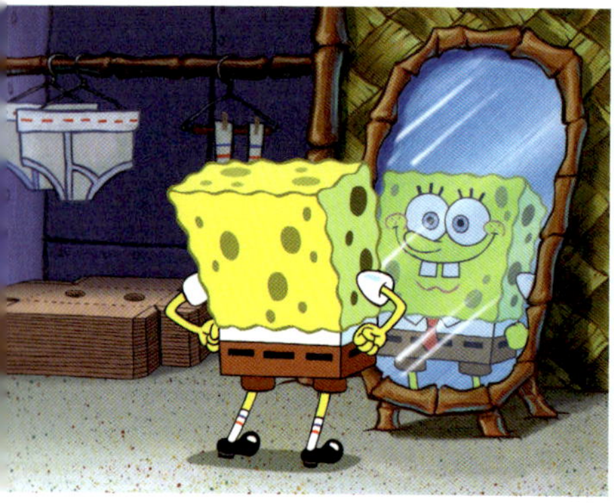

Spinnensinn

Unter Angst vor Spinnen litt David Bowie sicherlich nicht. Ansonsten hätte er wohl nicht die Ziggy-Stardust-Begleitband auf den Namen „Spiders From Mars“ getauft, ein besonderes Exemplar der achtbeinigen Spezies 1987 zum Gegenstand des Songs „Glass Spider“ gemacht oder eine Tournee so benannt. Ein deutscher Forscher wiederum war es, der eine Spinnenart nach David Bowie benannte: die „Heteropoda davidbowie“.

Peter Jäger, Sektionsleiter der Abteilung Arachnologie am Senckenberg Forschungsinstitut und Naturmuseum in Frankfurt am Main, beschrieb 2008 eine Reihe von neuen Spinnenarten und nutzte dafür die Namen von Prominenten. So fanden sich unter Insekten unter anderem die „Heteropoda hildebrandti“ (nach Kabarettist Dieter Hildebrandt) oder die selbsterklärenden Exemplare „Heteropoda ninahagen“ und „Heteropoda udolindenberg“. Jäger wollte mit den prominenten Namen auf das Artensterben aufmerksam machen. Die „Heteropoda davidbowie“, eine gelblich-braune Riesenkrabbenspinne, die zuerst in Malaysia entdeckt wurde, fällt durch ihre besonders auffällige Gesichtszeichnung auf. Damit schlägt das Exemplar für Bowie-Fan Jäger eindeutig aus der Art – was zu einem kontrastvollen Künstler wie Bowie doch durchaus passte. Zwei Exemplare der Art waren lange Zeit in einer Ausstellung des Frankfurter Museums zu besichtigen – bis die männliche David-Bowie-Spinne Ende 2016 ihr Weibchen angriff und tötete. Ein ungewöhnliches und widernatürliches Verhalten, wie Jäger in Folge attestierte.

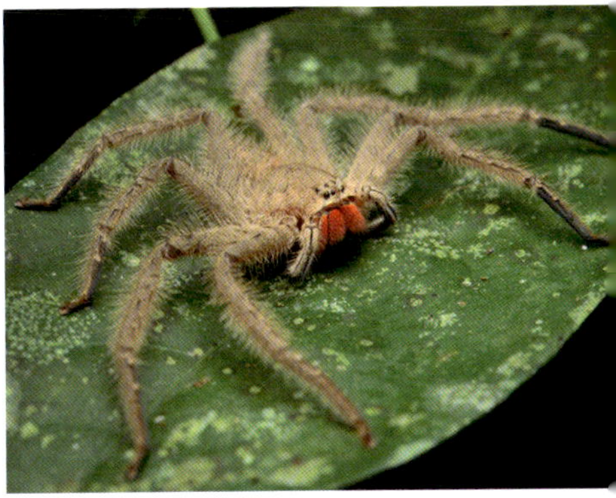

Gekonnte Geheimniskrämerei

„Das beste Bowie-Album seit ‚Scary Monsters'…" – so lautete ein geflügeltes Qualitätsurteil, welches die Musikpresse für jedes neue Bowie-Album ab 1993 gerne bemühte. Das galt auch für „The Next Day", jenes lange geheim gehaltene Überraschungsalbum, das Bowie 2013 und damit zehn Jahre nach seiner letzten Studioarbeit veröffentlichte.

Allein die Tatsache, dass ein Künstler der Größe Bowies es im Zeitalter der digitalen Lauffeuerberichterstattung schaffen konnte, ein neues Plattenprojekt weitgehend unter Verschluss zu halten, ist eine beachtliche Leistung. Pünktlich zu seinem 66. Geburtstag, am 8. Januar 2013 ließ Bowie mit der Singleveröffentlichung „Where Are We Now?" die Katze aus dem Sack. „The Next Day" stand zwei Monate später in den Läden. Besagter Vorboten-Song glänzte mit Berlin-Referenzen: Bowie erwähnte darin den Potsdamer Platz, den „Dschungel" in der Nürnberger Straße und das KaDeWe genauso wie die 20.000, die sich im historischen November 1989 über den Grenzübergang der Bösebrücke in den Westen drängelten. Auf anderen Songs war es ein bekannter Drum-Beat (das Ende von „You Feel So Lonely You Could Die" weist Parallelen zu „Five Years" auf) oder ein Gitarrenriff von Earl Slick wie auf „(You Will) Set The World on Fire", welches die Vergangenheit beschwor. Insgesamt verlor sich das Album aber nie im nostalgischen Schwelgen, sondern gab sich dabei zeitgenössisch bis vorwärtsblickend. Aufsehen erregte auch das von Jonathan Barnbrook entworfene Artwork, welches schlichtweg das Albumcover von „"Heroes"" verdeckt von einem großflächigen weißen Viereck mit dem Titel „The Next Day" zeigte. „Ein Bildnis aus der Vergangenheit zu verschleiern, bezieht sich noch weiter auf die menschliche Existenz", erklärte der Coverkünstler. „Wir bewegen uns in unserem Leben unerbittlich zum nächsten Tag, die Vergangenheit hinter uns lassend, weil wir keine andere Wahl haben.“ Es war nicht das erste Mal, dass Bowie Bilder aus der Vergangenheit für ein Artwork bemühte. Schon auf der Plattenhülle von „Scary Monsters (And Super Creeps)“ fanden sich Motive von „Low“ „“Heroes““, „Lodger“ und „Aladdin Sane“ wieder. War „The Next Day“ nun das beste Bowie-Album seit „Scary Monsters“? Zumindest war es für Bowie nach „Black Tie White Noise“ die erste Nummer-Eins-Platzierung in den UK-Album-Charts seit 20 Jahren.

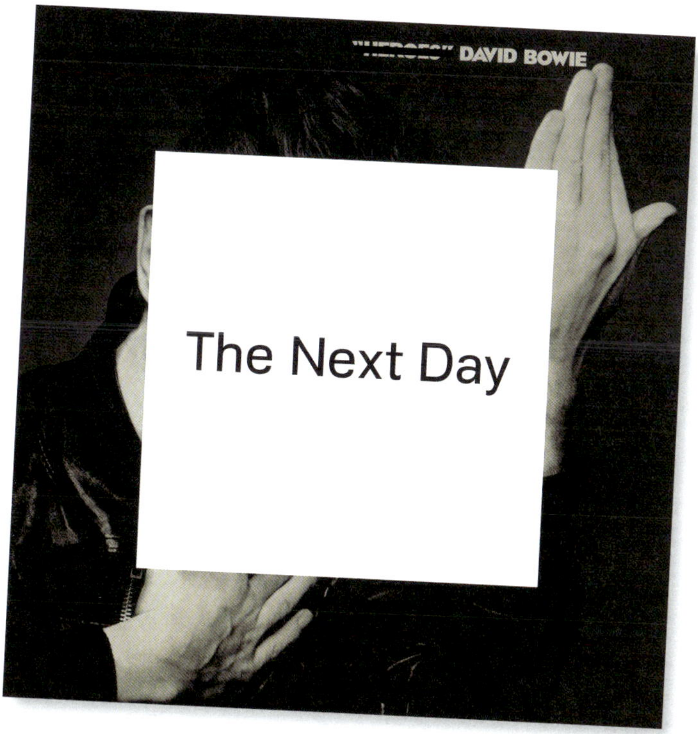

Der englische Elvis

Mit „Blackstar", Bowies 25. Studioalbum, gelang dem Sänger ein finaler Triumph, der seiner Reputation als unberechenbarer Künstler zum letzten Mal Rechnung tragen sollte.

Im selben New Yorker Studiosetting wie „The Next Day" und ebenso wieder unter dem Mantel höchster Verschwiegenheit entstand zwischen Januar und Mai 2015 Bowies letzte Platte. Anstelle der üblichen Vertrauten – nur Tony Visconti als Produzent blieb eine Konstante – hatte Bowie erstmalig ein New Yorker Jazzquartett als Backingband um sich geschart. Von den neun Songs waren zwei bereits zuvor veröffentlicht worden: „Sue (Or In A Season Of Crime)" war als Kooperation mit Jazzkomponistin und Orchesterleiterin Maria Schneider und deren musikalischem Ensemble entstanden und wie die B-Seite „'Tis A Pity She Was A Whore" 2014 als Single erschienen. Für die Remake-Album-Version von Ersterem schraubte Bowie den Jazz-Orchester-Faktor zurück und brachte zusätzlich Drum'n'Bass-Elemente ins Spiel. Insgesamt zeigte sich Bowie mit der auf „Blackstar" exerzierten Art- und Jazz-Rock-Fusion so rhythmisch vertrackt und experimentierfreudig wie seit „1. Outside" nicht mehr. Die Veröffentlichung des Albums am 8. Januar 2016 erlebte der Künstler noch mit – zwei Tage darauf schied David Bowie im Alter von 69 Jahren in seinem New Yorker Penthouse in SoHo aus dem Leben. Er war seiner ebenfalls geheim gehaltenen Leberkrebserkrankung erlegen. Was „Blackstar" und einen Song wie „Lazarus" mit den Zeilen „Look up here, I'm in heaven/I've got scars that can't be seen" als vorrausehenden Schwanengesang umso gespenstischer erscheinen ließ. Visconti bestätigte, dass „Blackstar" als Bowies Abschiedsgeschenk intendiert war. Ein Abschiedsgeschenk, das es in mehrerlei Hinsicht in sich hat. Cover-Artwork-Designer Jonathan Barnbrook hatte (ohne Bowies Wissen) ein paar Besonderheiten in seinem Design für die Vinylversion versteckt, die von passionierten Bowielogen bereits (teilweise) entdeckt wurden: So entwickelte unter direkter Sonneneinstrahlung die Innenseite des Gatefold-Covers mit dem ausgestanzten Stern (übrigens das erste Bowie-Album, das ohne ein Abbild des Künstlers daherkommt) ein Sternenhimmelmuster. Ein anderer findiger Fan fand heraus, dass das Album unter Einwirkung von Schwarzlicht eine bläuliche Färbung annimmt. „Ehrlich gesagt, gibt es eine große Sache, die die Leute noch nicht entdeckt haben. Wenn sie es herausfinden, finden sie es heraus, wenn nicht, dann nicht. Erinnert euch daran, was Bowie bezüglich nicht alles zu erklären gesagt hat", so Barnbrook. Was nicht bedeuten sollte, dass die Spekulationen über „Blackstar" und geheime Botschaften darin oder darauf damit vorüber wären. Bald kursierte die Theorie, dass „Blackstar" eventuell von Elvis inspiriert sein könnte. Jener hatte 1960 unter Regisseur Don Siegel einen Western namens „Flaming Star" (dt: „Flammender Stern") gedreht, welcher den ursprünglichen Arbeitstitel „Black Star" trug. Entsprechend gab es auch eine Version des von Elvis gesungenen Titelsongs noch mit den Worten „Black Star" darin: „Every man has a black star/A black star over his shoulder/And when a man sees his black star/He knows his time, his time has

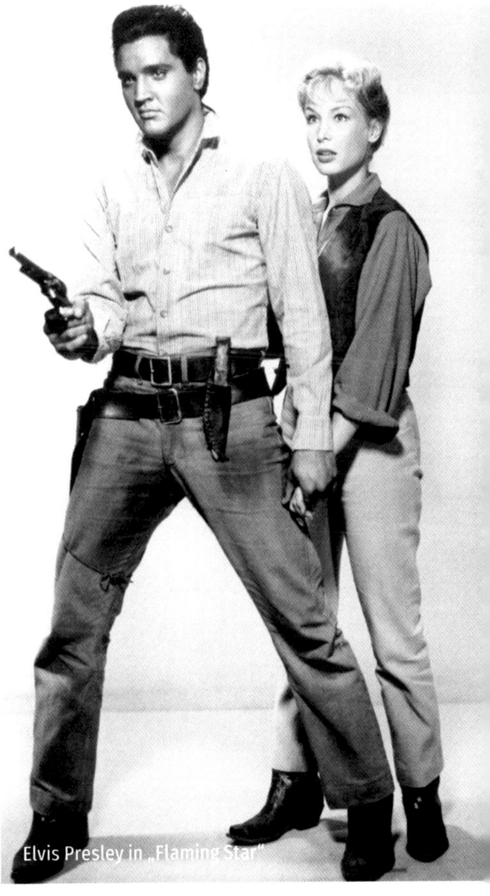

Elvis Presley in „Flaming Star"

come" lautete es dort schon schicksalsprophetisch bei Elvis. Dass Elvis-Bewunderer Bowie für sein letztes Album derart um die Ecke gedacht hat, ist durchaus vorstellbar. Fakt bleibt, dass Bowie unmittelbar nach seinem Tod zwölf seiner Alben in den britischen Top 40 vorweisen konnte. Womit er sich tatsächlich auf Augenhöhe mit dem King begeben hatte. Dieser hatte nach seinem Tod 1977 genau dieselbe Zahl zeitgleich in den UK-Top-40 befindlicher Alben vorweisen können. In Elvis' Heimatland hingegen bescherte „Blackstar" Bowie sogar sein allerererstes US-Nummer-Eins-Album. Mag „Blackstar" am Ende auch nicht das lupenreine Jazzalbum gewesen sein, welches Bowie Zeit seines Lebens realisieren wollte, war es doch ein mehr als standesgemäßer Abgang und damit letzter Vorhang für einen Ausnahmekünstler wie David Bowie.

Allerletzte Zugabe

Dass das Ensemble des Musicals „Lazarus" das dazugehörige Soundtrackalbum exakt einen Tag nach Bowies Ableben im Studio eingesungen hatte, ist mindestens so beachtlich wie die Tatsache, dass sich darauf – abgesehen von dem Titelstück – drei weitere Bowie-Kompositionen fanden, die es nicht auf „Blackstar" geschafft hatten: „No Plan", „Killing A Little Time" und „When I Met You". Ein Jahr nach Bowies Tod und pünktlich zu dessen 70. Geburtstag erschienen diese vier Stücke schließlich gesammelt auf der EP „No Plan" – mit Bowie am Mikro und der „Blackstar"-Jazz-Band im Rücken.

Das Quiz für echte „Heroes“

1. **Wie lautete der Titel der ersten Single, die David Bowie noch unter dem Namen Davie Jones And The King Bees 1964 veröffentlichte?**

a) Liza Jane
b) Sweet Mary Anne
c) Sweet Jane
d) Lady Jane

2. **Welche Vereinigung gründete Bowie mit 17 und trat 1964 als deren Vertreter im britischen Fernsehen auf?**

a) Society For The Prevention Of Cruelty To Long-Haired Men
b) Society For The Prevention Of Cruelty To Short-Haired Women
c) Society For The Prevention Of Cruelty To Animals
d) Society For The Prevention Of Long-Haired Men On TV

3. **Welche Tätowierung trägt Ehefrau Iman in Gedenken an ihren Gatten oberhalb ihres Fußknöchels?**

a) Ein Bowie-Messer
b) Einen Stern
c) Einen Blitz
d) Ein Saxophon

4. **In ihrer späteren E-Mail-Korrespondenz nutzten Bowie und Brian Eno gerne Fantasienamen, mit denen sie jeweils unterzeichneten. Welches der folgenden war kein Alias von Bowie in diesem Kontext?**

a) Mr Showbiz
b) Dr. Jones
c) Milton Keynes
d) Duke Of Ear

5. **Welcher Song vereinte Bowie mit Gitarrist Mick Ronson 1993 auf „Black Tie White Noise“?**

a) „Jump They Say“
b) „ I Feel Free“
c) „The Wedding Song“
d) „You’ve Been Around“

6. **Wann und wo fand Bowies letzter Bühnenauftritt als Sänger statt?**

a) Bei der „Fashion Rocks“-

Show in der Radio City Music Hall in New York am 8. September 2005

b) Im Rahmen einer Wohltätigkeitsveranstaltung im New Yorker Hammersmith Ballroom am 9. November 2006
c) Im Madison Square Garden am 19. Mai 2007 bei einem Auftritt von Ricky Gervais
d) Beim „Hurricane Festival" in Scheeßel am 25. Juni 2004

7. Welcher Song vom Album „Scary Monsters (And Super Creeps)" nimmt den Bowie-Nachahmer Gary Numan ziemlich unverblümt ins Visier?

a) „Fashion"
b) „Teenage Wildlife"
c) „Scream Like A Baby"
d) „Because You're Young"

8. Unter welchem Pseudonym trat Bowie persönlich im Internetforum von BowieNet auf?

a) Chubby Little Loser
b) Ziggy S.
c) Major Tom
d) Sailor

9. In welchem Song der Folkgruppe Steeleye Span spielte Bowie als Gastmusiker Saxophon?

a) „To Know Him Is To Love Him" (1974)
b) „The Mooncoin Jig" (1974)
c) „All Around My Hat" (1975)
d) „Gaudete" (1973)

10. Was war Bowies erster UK-Album-Nummer-Eins-Hit?

a) „Aladdin Sane" (1973)
b) „The Rise And Fall Of Ziggy Stardust And The Spiders From Mars" (1972)
c) „Hunky Dory" (1971)
d) „Pinups" (1973)

11. Wer war die Frau neben Bowie auf dem Album-Artwork des 1973er Coveralbums „Pinups"?

a) Twiggy
b) Angie Bowie
c) Amanda Lear
d) Lulu

12. Wie lautete der ursprüngliche Titel jenes Albums, das später als „Low" bekannt werden würde?

a) „New Music: Night and Day"
b) „The Last Days"

c) „Nightclubbing“
d) „Tonight“

13. Wie lautete der Name von Bowies Hund, der angeboren wirklich zwei unterschiedliche Augenfarben hatte?

a) Derek
b) Max
c) Nick
d) Robert

14. Wie lautet die Adresse der Location, an der das berühmte Cover-Foto des „Ziggy Stardust“-Albums geschossen wurde?

a) 23 Heddon St, London W1B 4BQ
b) 21b Baker St, London NW1 6XE
c) 40 Stansfield Rd, London SW9 9RY
d) Marylebone Rd, London NW1 5LR

15. Wer sang zusammen mit Bowie beim „Freddie Mercury Tribute Concert“ am 20. April 1992 den Song „Under Pressure“?

a) Mick Jagger
b) Axl Rose
c) Annie Lennox
d) Dave Stewart

Quiz-Lösungen

1a, 2a, 3a, 4b, 5b, 6b, 7b, 8d, 9a, 10a, 11a, 12a, 13b, 14a, 15c

Zitate

„Er hatte diese Chamäleon-artige Fähigkeit, sich jedes Genres annehmen zu können, aber immer mit seinem einzigartigen Dreh, musikalisch wie auch textlich."

Mick Jagger (The Rolling Stones)

„Ich habe viel von Bowie gelernt, vor allem die Einstellung, das Selbstverständnis und den Mut, einen Popsong und ein Noise-Stück direkt gegenüberzustellen – auf derselben Platte.

Chris Goss (Masters Of Reality, Kyuss, Queens Of The Stone Age)

„David Bowie war einzigartig, so wie Elvis einzigartig war. [...] Ich wünschte, er wäre noch da und dass ich noch einmal mit ihm arbeiten könnte."

David Lynch, Regisseur

„Seine Musik hat mich durch eine schwierige Kindheit gebracht."

Mike Ness (Social Distortion)

„Wer anders würde an dem Zeitpunkt seiner Karriere schon damit anfangen, anderen Leuten seine Zeit und Songs zu schenken, so wie er es für mich und Mott, Lou Reed, Iggy getan hat."

Ian Hunter (Mott The Hoople)

„Ich habe viel von ihm gelernt. Durch ihn habe ich das erste Mal die Ramones, Kraftwerk und Tom Waits gehört. "

Iggy Pop

„Es ist beachtlich und entzückend, dass Dad immer noch so deutlich von so vielen geliebt wird. Ja, er wird vermisst ... Aber es steckt so viel von ‚ihm' in seinem Werk, dass er offensichtlich immer noch hier ist."

Duncan Jones, Regisseur und Bowies Sohn